Deutschbuch 5

Förderheft

Texte lesen und verstehen
Erzählen
Beschreiben
Rechtschreiben trainieren

Herausgegeben von
Cordula Grunow,
Bernd Schurf und
Andrea Wagener

Erarbeitet von
Agnes Fulde, Annet Kowoll,
Margarethe Leonis

Cornelsen

Inhalt

Einführung

LESEN – UMGANG MIT TEXTEN

LESEVERSTÄNDNIS

SPRECHEN UND SCHREIBEN

SCHREIBEN

NACHDENKEN ÜBER SPRACHE

RECHTSCHREIBUNG

Mit dem beigefügten Lösungsheft kannst du deine Antworten zu den Aufgaben selbst überprüfen.

Dem Heft liegt ein Bogen mit Aufklebern bei.
Für jede richtig gelöste Aufgabe kannst du ein  *ins Heft kleben.*

Vertrag

Zwischen

Klebe hier
ein aktuelles
Foto von
dir ein.

und

____
Name, Vorname

Eichhörnchen

wird heute, am ______________________, ein Vertrag geschlossen.

Vertragsgegenstand

1.  verpflichtet sich, ______________________ (Name, Vorname) wichtige Kenntnisse zu vermitteln, die helfen, Klassenarbeiten und Hausaufgaben im Fach Deutsch in Zukunft mit besserem Ergebnis zu erledigen.

Im Einzelnen sind dies folgende Kenntnisse:

- ☐ Sachtexte lesen, verstehen und die Aufgaben dazu lösen,
- ☐ Erzähltexte lesen, verstehen und die Aufgaben dazu lösen,
- ☐ Erzählungen schreiben und überarbeiten,
- ☐ Beschreibungen sachlich und geordnet verfassen und überarbeiten,
- ☐ wichtige Strategien bei der Rechtschreibung anwenden: , , , .

2. ______________________ (Name, Vorname) verpflichtet sich, in Absprache mit den Eltern und/oder der Deutschlehrerin, dem Deutschlehrer Kapitel dieses Heftes auszuwählen, die er/sie sorgfältig durcharbeiten wird. (Unzutreffendes streichen) Die ausgewählten Kapitel werden oben angekreuzt.

Er/sie wird alle Aufgaben der ausgewählten Kapitel ohne Ausnahme durcharbeiten.

Er/sie sichert zu, jede Aufgabe selbst mit der Lösung abzugleichen.

Sobald dies geschehen ist, wird er/sie einen  -Aufkleber vom beiliegenden Blatt neben die erledigte Aufgabe kleben. Dann wissen alle, dass diese Aufgabe schon geschafft ist.

____
Ort, Datum

____
Name, Vorname

____
Eichhörnchen

Sachtexte lesen und verstehen

Sachtexte geben dir Informationen.
Die Sprache ist sachlich und ohne Ausschmückung.

Was weißt du über Eisbären?

1 *Weißt du schon etwas über Eisbären?*
Zeichne diese Mind-Map groß auf ein ganzes Blatt und trage dein Wissen dort ein.

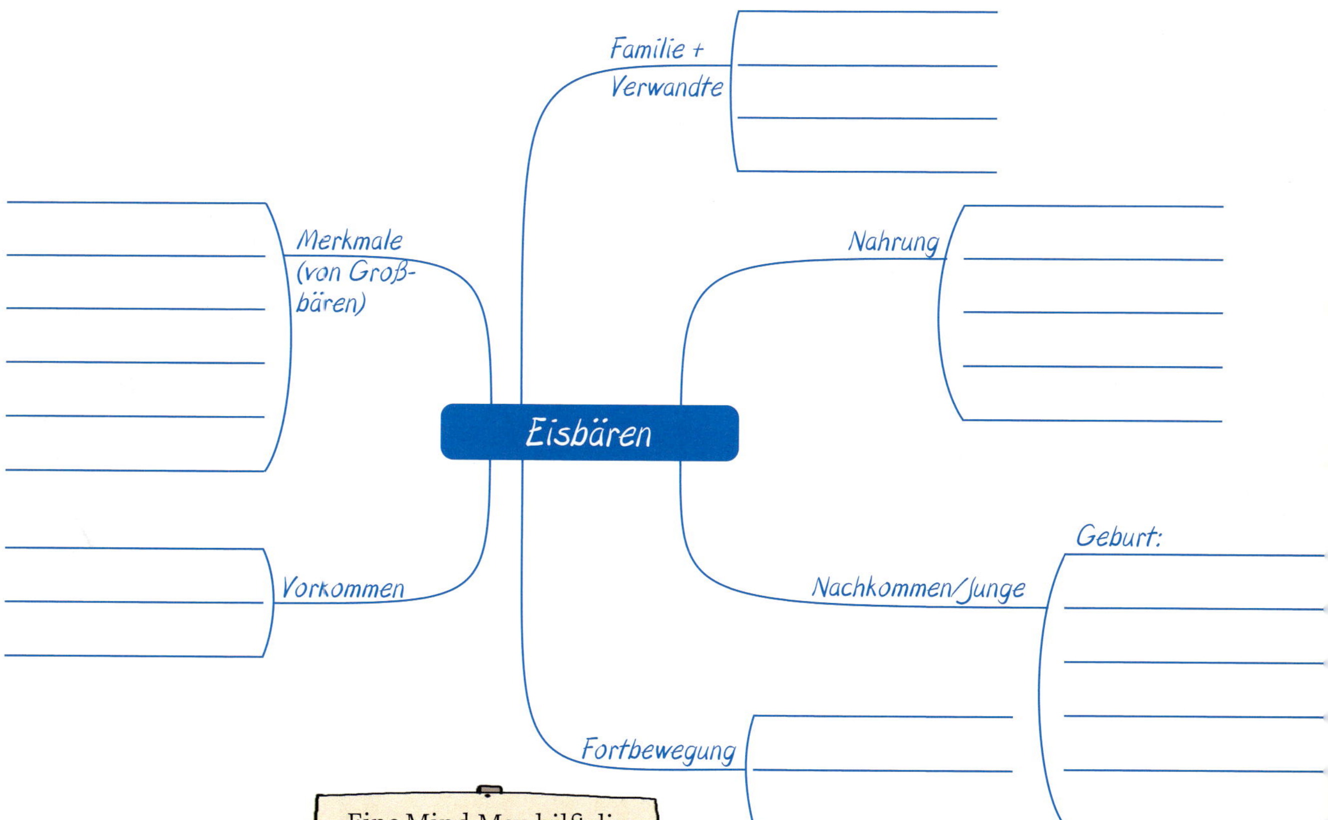

Der Eisbär ist ein Großbär

Zur Familie der Großbären gehören acht Arten. Ihnen gemeinsam ist ihr großer Körper, das kleine Schwänzchen, die flachen vielhöckrigen Backenzähne und die großen Tatzen mit feststehenden Krallen. Auch Winterruhe und die Stimme (Bären brummen!) sind gemeinsame Merkmale. Ihre nächsten Verwandten sind wohl die Seelöwen und Walrosse und, etwas weiter entfernt, die Hunde. Sie alle gehören der Ordnung *Carnivora*, den Raubtieren an.

Die bekannteste und am weitesten verbreitete Art der Großbären ist der Braunbär. Auch heute noch kommt er von Sibirien bis zu den Pyrenäen, von Skandinavien bis Südwestasien und in Nordamerika von Alaska bis zum Yellowstone-Park in den USA vor.

2 *Lies den Text.* ◯

3 *Kannst du schon sagen, worum es in dem Text geht? Wenn nicht, lies den Text noch einmal.* ◯
a) Ergänze den folgenden Satz.

Im Text geht es um ____ .

b) Hast du genau genug gelesen?
Kreuze an, welche Informationen über Bären der Text gibt.

- ☐ Familie und Verwandte der Großbären
- ☐ Merkmale der Großbären
- ☐ Vorkommen der Braunbären

Ankreuzaufgaben zu einem Text enthalten oft dieselben Wörter wie der Text selbst.
1. Unterstreiche die **wichtigen Wörter** in der Ankreuzaufgabe.
2. Überfliege den Text und suche mit den Augen nur nach diesen Wörtern.

4 *Welche gemeinsamen Merkmale haben Großbären?* ◯
Markiere im Text die sechs gemeinsamen Merkmale.
Schreibe sie auf die Linien.

______________________ ______________________

______________________ *Merkmale von Großbären* ______________________

______________________ ______________________

5 *Ergänze neue Informationen in der Mind-Map auf Seite 4.* ◯

6 *Lies den folgenden Text.*
Lies ihn einmal laut und einmal leise. Wann verstehst du das Gelesene besser?
„Besser verstehen" heißt wissen, worum es im Text geht.

Ich verstehe den Text besser, wenn ich ihn ____________________ lese.

Der Eisbär – der größte und schwerste unter den Bären

1. ____________________

Der Eisbär ist das größte und gefährlichste Tier der Arktis. Der Eisbär ist eines der am nördlichsten vorkommenden Tiere der Erde. Die Spuren dieses einzelgängerischen Jägers fand man sogar rund um den Nordpol.

2. ____________________

In der nahrungsarmen Arktis müssen Eisbären oft sehr lange Jagdausflüge unternehmen, um ihren bis zu einer Tonne schweren Körper zu ernähren. Um zu überleben, haben sie vielseitige Jagdtechniken entwickelt, und selbst kleinste Beutetiere verschmähen sie nicht. Sie beschleichen Lemminge, tauchen nach Muscheln und Fischen oder durchsuchen den Spülsaum an der Küste nach Krebsen.

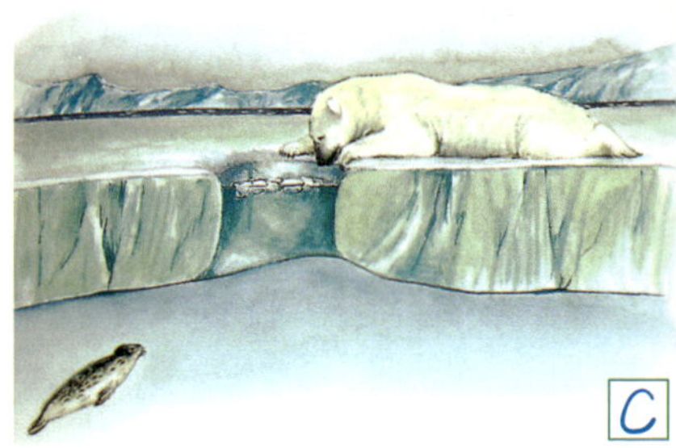

Robben sind eine besonders begehrte Beute. Robben werden angepirscht, wenn sie zu ihrem Atemloch auftauchen, um dort Luft zu holen. Blitzschnell schlägt der Eisbär mit seiner großen Pranke zu, um die Robbe vor dem Abtauchen zu erwischen.

3. ____________________

Die meisten Eisbären ziehen im Winter, wenn sich das Eis ausdehnt, in den Süden und im Sommer, wenn es zurückgeht, nach Norden. Eine Mischung aus festem Eis, Schollen und offenem Wasser ist ihnen am liebsten, da sie hier am leichtesten an die Robben herankommen. Per Anhalter auf Eisschollen, als ausgezeichnete Schwimmer und Taucher sowie als Läufer mit einer Höchstgeschwindigkeit von bis zu 40 Stundenkilometern können sie 70 Kilometer und mehr an einem Tag zurücklegen.

7 *Ergänze den folgenden Satz.*

Im Text geht es um ____.

8 *Schau dir die Bilder zum Text an.*
Ziehe Verbindungslinien zu den Wörtern, auf die die Bilder sich beziehen.

9 *Lies den Text auf S. 6 noch einmal durch. Suche die folgenden Wörter im Text. Welche Bedeutung haben sie?*

Du kannst den **Sinn von Wörtern erschließen.** Dazu musst du den Text genau lesen. Was heißt zum Beispiel „einzelgängerisch" (Zeile 3)?

Lies weiter: Eisbären sind einzelgängerische Jäger. Also jagen sie wohl

☐ einzigartig ☐ einzeln ☐ in Gruppen?

Richtig – „einzelgängerisch" heißt, dass die Tiere allein (= einzeln) auf die Jagd gehen.

nahrungsarm (Zeile 6)

____

beschleichen (Zeile ____)

____

blitzschnell (Zeile ____)

____

10 *a) Ordne den folgenden Wörtern ihre Bedeutung richtig zu. Ziehe Linien.*
b) Kennst du eines der Wörter nicht? Schlage in einem Lexikon nach.

Wort	Bedeutung
Pranke	Land- und Meeresgebiete um den Nordpol
verschmähen	größeres, schwimmendes Stück Eis
anpirschen	ablehnen; nicht annehmen
Eisscholle	heranschleichen
Arktis	große Tatze

In einem Wörterbuch oder im Lexikon musst du ein Wort Buchstaben für Buchstaben nach dem Alphabet suchen: erst den ersten Buchstaben, dann den zweiten und so weiter.

Als Hilfe habe ich für dich ein Alphabet vorbereitet. Trage die fehlenden Buchstaben ein.

A BC___ EF___ H___ J___ L___ NO___ QR___ TUV___ XY___

11 *Wenn du nachschlägst, musst du Buchstaben für Buchstaben in der richtigen Reihenfolge suchen.*

	P	I	R	G	Q
	Q	J	S	H	R
A	R	K	T	I	S
B	S	L	U	J	T
C	T	M	V	K	U
D	U	N	W	L	V

Benutze dein **Alphabet** zum richtigen **Nachschlagen.**

Ordne die Wörter links nach dem vierten und rechts nach dem zweiten Buchstaben:

Eisbär	1. ________	Arktis	1. ________
Eisscholle	2. ________	Atemloch	2. ________
Eisdecke	3. ________	Abtauchen	3. ________

12 *Folgende Wörter bestehen aus zwei einzelnen Wörtern. Verstehst du ihre Bedeutung?*
a) Trenne die einzelnen Wörter durch einen Strich | voneinander.
b) Schreibe die Bedeutung jedes einzelnen Wortes auf.
c) Welche Bedeutung hat das zusammengesetzte Wort im Text? Schreibe auf.

Du verstehst ein Wort nicht? Kannst du es zerlegen? In Teilen ist es leichter zu verstehen.
Zerlegte Wörter kannst du auch besser im Lexikon **nachschlagen.** Für die Bedeutung ist besonders das letzte Wort wichtig.

Jagd | technik: Jagd = ein Lebewesen verfolgen und fangen oder töten;
Technik = etwas können, etwas auf eine bestimmte Art und Weise tun

Bedeutung im Text: die Art und Weise, wie Eisbären ihre Beute jagen

Jagdausflug: ______

Bedeutung im Text: ______

Spülsaum: ______

Bedeutung im Text: ______

Atemloch: ______

Bedeutung im Text: ______

13 *W-Fragen können helfen, einen Text zu verstehen.*
a) Beantworte diese W-Fragen zum Text auf Seite 6.

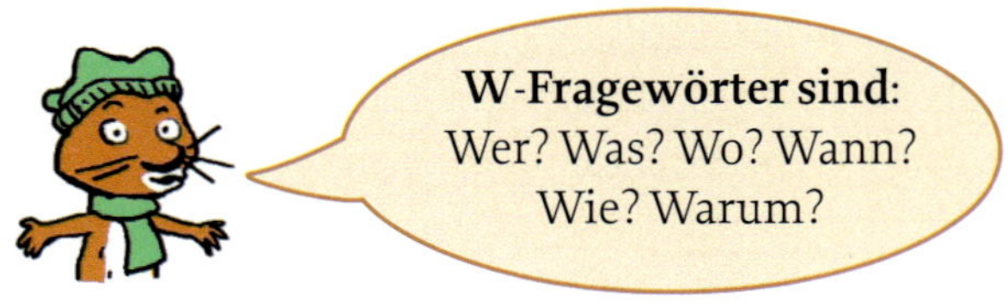

Wer steht im Mittelpunkt des Textes? ______

Was ist der Eisbär? ______

Wo leben Eisbären? ______

Was fressen Eisbären? ______

b) Schreibe weitere W-Fragen zum Text in dein Heft. Beantworte sie.

14 *Schreibe eine Überschrift über jeden Abschnitt auf Seite 6. Wähle aus:*

Fortbewegung | Vorkommen | Nahrung

15 *Ergänze neue Informationen in der Mind-Map auf Seite 4.*

1. ______________________

Trächtige Eisbärinnen ziehen sich im November in ihre Wurfgebiete zurück – meist Talhänge mit mächtiger Schneedecke, in die sie ihre Geburtshöhlen graben. Im Dezember kommen dort zwei bis drei nackte, blinde und taube Junge zur Welt. Sie wiegen knapp ein Pfund und sind so winzig, dass die Bärenmutter eines zwischen den Zehen ihrer Vordertatze verbergen kann.

2. ______________________

Nach der Geburt müssen die kleinen Bären aber rasch an Gewicht zulegen. Deshalb ist Bärenmilch ausgesprochen gehaltvoll. Mit bis zu 50 Prozent Fettgehalt und wenig Zucker liefert sie mehr als dreimal so viel Energie wie Kuhmilch oder Muttermilch beim Menschen. Die energiereiche Milch sorgt nicht nur für schnelles Wachstum, sondern hilft den Bärenjungen auch, genügend Wärme zu produzieren, damit ihre kleinen Körper nicht auskühlen. Wenn die jungen Bären nach zwei bis drei Monaten erstmals die Höhle verlassen, sind sie schon mehrere Kilogramm schwer. Die Mutter nimmt in dieser Zeit keine Nahrung zu sich, sondern zehrt von ihren Fettvorräten. Sie verliert die Hälfte ihres Gewichtes.

3. ______________________

Im Frühjahr macht sie mit den Kleinen die ersten Ausflüge in die Umgebung. Während der nächsten zwei Jahre bringt die Bärin ihnen alles bei, was ein erwachsener Eisbär wissen muss. Danach trennen sich ihre Wege.

16 *Lies den Text. Denke an die Lesefolie! Überlege auch hier, ob du den Text „besser verstehst", wenn du laut oder leise liest.*

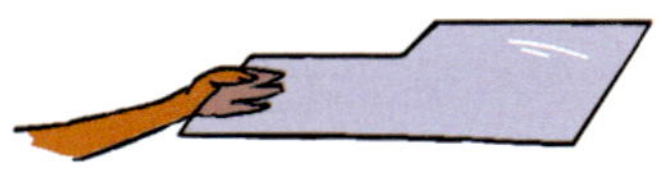

17 *Lies den folgenden Satz.*

> Die energiereiche Milch sorgt nicht nur für schnelles Wachstum, sondern hilft den Bärenjungen auch, genügend Wärme zu produzieren, damit ihre kleinen Körper nicht auskühlen. (Zeile 14–18)

Vielleicht hast Du den Satz nicht sofort verstanden. Verbindende Wörter helfen Dir dabei.
Du kennst bestimmt schon einige Wörter wie „oder", „und", „aber", „weil", „obwohl", „damit".
Diese Wörter heißen Konjunktionen. Sie verbinden Satzteile oder Sätze miteinander.

Lies den Satz noch einmal durch. Achte auf die blauen Gedankenhilfen.

„Nicht nur" heißt, dass die Milch noch etwas anderes macht. Wo wird das genannt?

Aha! Die Milch sorgt also gleichzeitig „auch" für ... weitersuchen: was denn ...?

Die energiereiche Milch sorgt <u>nicht nur</u> für schnelles Wachstum, <u>sondern</u> hilft den Bärenjungen <u>auch</u>, genügend Wärme zu produzieren, <u>damit</u> ihre kleinen Körper nicht auskühlen.

Aha! Die Milch sorgt also „auch" für ausreichend Wärme.

Ein letzter Anhang – „damit" weist auf eine Folge hin. Welche?

a) Schreibe die Informationen, die der lange Satz auf Seite 9 unten gibt, mit eigenen Worten auf.

b) Unterstreiche in dem Text auf Seite 9 die folgenden Konjunktionen: „und", „deshalb", „wenn", „oder", „sondern".
c) Lies den Text nun noch einmal.

18 *a) Unterstreiche Wörter, die du nicht verstehst.*
b) Erschließe die Bedeutung folgender Wörter und schreibe ihre Bedeutung auf.

trächtig (Zeile 2) ____

Wurfgebiete (Zeile 3) ____

gehaltvoll (Zeile 12) ____

c) Schlage Wörter in einem Lexikon nach, deren Bedeutung du nicht aus dem Text erschließen kannst. Schreibe sie mit ihrer Bedeutung in dein Heft.

19 *Stelle W-Fragen an den Text. Schreibe sie auf.*

Wichtige Wörter nennt man **Schlüsselwörter**. Schlüsselwörter helfen, einen Text zu verstehen. Überfliege den Text mit den Augen. An welchen Wörtern bleiben deine Augen hängen?

Geübte Leser und Leserinnen springen von **Nomen** zu Nomen. Nomen nennt man auch Hauptwörter. Nomen werden großgeschrieben, zum Beispiel „die Eisbärin", „der Bär".

In der Nähe von Nomen findest du (meistens) wichtige Informationen.

Suche zum Beispiel das Nomen „Junge" (Zeile 5) im Text. In seiner Nähe stehen auch die wichtigsten Informationen zu diesen Jungen.

20 *Unterstreiche das Schlüsselwort „Junge". Was sagt dieser Satz über die Eisbärenjungen? Schreibe die Informationen auf.*

21 *a) Unterstreiche zu jeder W-Frage an den Text (Aufgabe 19) Schlüsselwörter.*

b) Schreibe die W-Fragen mit den passenden Schlüsselwörtern auf. Ergänze, wo nötig, die wichtigen Informationen in ihrer Nähe.

So findest du die Schlüsselwörter: Überfliege für jede W-Frage den Text neu mit den Augen. Suche Nomen, die zu dieser W-Frage passen.

Wo werfen Eisbärinnen? Wurfgebiete, Geburtshöhlen

Wann werfen Eisbärinnen?

22 *Ordne die Schlüsselwörter in die folgende Tabelle ein.*

Geburt	Nahrung	Großwerden
Dezember		

23 *Wähle für jeden Abschnitt des Textes eine geeignete Überschrift aus. Schreibe sie über den Abschnitt.*

Erste Ausflüge — *Die Geburt der Eisbären* — *Nahrung der Bärenjungen*

24 *Ergänze neue Informationen in der Mind-Map auf Seite 4. Wähle Wichtiges aus.*

25 *Fasse die Texte über die Eisbären kurz zusammen. Schreibe in dein Heft.*
Verwende Stichworte oder schreibe wenige kurze Sätze.
Lege als Hilfe beim Schreiben die ausgefüllte Mind-Map von Seite 4 neben dein Heft.

✓ Checkliste: Textknacker für Sachtexte

- ☐ 1. Schritt: **Überfliege** den Text. Halte deinen ersten Eindruck fest: *Worum geht es im Text?*
- ☐ 2. Schritt: Kläre die Bedeutung unbekannter Wörter: *Alles gut verstanden?*
- ☐ 3. Schritt: **Stelle Fragen** an den Text: *Wer? Was? Wann? Wo? Wie? Warum?*
- ☐ 4. Schritt: Lies ein zweites Mal und unterstreiche **Schlüsselwörter**: *Wichtige Nomen und Informationen?*
- ☐ 5. Schritt: Gliedere den Text in **Abschnitte**, finde **Zwischenüberschriften**: *Worum geht es im Abschnitt?*
- ☐ 6. Schritt: Fasse den Inhalt kurz zusammen: *Knappe Notizen.*

Erzähltexte lesen und verstehen

1 *a) Schau dir das Titelbild des Buches genau an.*
b) Schreibe auf, was auf dem Titelbild zu sehen ist.

c) Worum könnte es in diesem Buch gehen?
Schreibe deine Ideen auf.
Beachte auch den Titel (den „Namen des Buches").

2 *a) Lies den Text. Verwende deine Lesefolie (siehe Seite 5).*

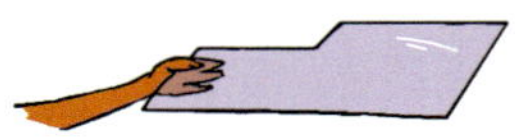

Es wird Frühling im hohen Norden. Noch bedeckt eine Eisschicht den Fjord. Der Frühlingswind, der das Tauwetter bringt, wird bald erwartet. Dann wird das Eis auf dem Fjord brechen, niemand wagt sich mehr hinaus. Außer den Geschwistern Tine und Knut und ihrem Freund Leif, die ein letztes Mal in diesem Winter auf dem Eis Fische fangen wollen.

Steinar Sörlle

Die Nacht, als keiner schlief (1986)

Leif hatte ein neues Loch gebohrt. Bald zog er einen Fisch heraus. Er brüllte und schrie und tanzte auf dem Eis herum. Sie sahen den Fisch glitzern und zappeln. „Kommt doch! Hier draußen gibt es jede Menge Fische!"

Tine saß auf dem Schlitten. Warum musste sich Leif immer aufspielen? Er hatte das nicht nötig, fand sie. Sie mochte ihn auch so. Tine sah, wie ihr Bruder die Angelschnur herauszog. Hastig. Sie meinte, er habe auch einen Fisch dran. „Ist er abgegangen?", rief sie, weil nichts am Blinker[1] hing. Knut erwiderte nichts, deutete nur auf das Wasser, das sich um sein Loch ausbreitete. Sollte er vielleicht auch noch zugeben, dass er Angst hatte? Schon wegen Leif nicht. Der brüllte wieder. Wahrscheinlich noch ein Fisch. Aber auf einmal verwandelte sich Leifs Brüllen in einen Schrei. Knut sah, wie sich auf der dünnen Schneeschicht um Leif in Windeseile dunkles Wasser ausbreitete.

„Lauf!", heulte Tine. Knut schrie ebenfalls. Sie sahen, dass Leif sich rückwärts vor dem ausströmenden Wasser zurückzog. Er bewegte sich vorsichtig. Dann drehte er sich um. Dann fing er zu laufen an. Leif lief um die Wette mit dem dunklen Wasser, das sich ausbreitete. Eine schwarze Zunge, die gierig über das Eis tastete. Die Leif trockenes Eis erreichen ließ, um ihn dann mit einem raschen Schlecken wieder einzuholen. Leif blieb stehen. Blickte zum Ufer. Dann zu ihnen. Dort stand Leif. Da standen sie. Das Wasser kam nicht näher.

1 **Blinker:** glänzender Metallköder, der beim Angeln von Raubfischen benutzt wird

3 *Teste dich: Was hast du nach dem ersten Lesen behalten?*
a) Umkreise den Buchstaben hinter dem richtigen Satz.

1 Die drei Kinder heißen Lise, Karen und Tobias. **F**
Die drei Kinder heißen Tine, Leif und Knut. **G**
Die drei Kinder heißen Stine, Laif und Knüt. **E**

2 Sie befinden sich auf dem Eis. **E**
Sie befinden sich in einem Boot. **H**
Sie befinden sich am Ufer. **K**

3 Sie fahren Ski. **U**
Sie fahren Schlitten. **L**
Sie fangen Fische. **F**

4 Leif rennt um die Wette mit dem Eis. **T**
Leif rennt um die Wette mit Knut. **V**
Leif rennt um die Wette mit dem dunklen Wasser. **A**

5 Tine sieht, wie Knut die Angelschnur herauszieht. **H**
Tine sieht, wie Knut einen großen Fisch herauszieht. **S**
Tine sitzt auf einem Stuhl und schaut zu. **X**

6 Tine findet Leif unangenehm. **M**
Tine mag Leif. **R**
Tine findet Leif unausstehlich. **P**

b) Die Buchstaben ergeben ein Lösungswort:

Tine, Leif und Knut sind in ☐☐☐☐☐☐ .

4 *Kläre die Abfolge der Handlung, die im Text dargestellt wird.*
Ordne den Textteilen die Nummern so zu, dass die richtige Abfolge erkennbar wird.

1 → 2 → 3 → 4 → 5 →

☐ Leif rennt vor dem Wasser auf seiner Eisscholle davon.	☐ Die drei Kinder stehen weit vom Ufer entfernt auf der Eisfläche.	☐ Knut sieht Wasser aus seinem Eisloch treten.	☐ Tine beobachtet ihren Bruder Knut beim Angeln.	☐ Leif fängt im Eisloch einen Fisch.

5 *Was erfährst du über Tine, Leif und Knut? Schreibe in dein Heft.*

6 *Der Text gibt Auskunft über die Gedanken von Tine und Knut. Was Leif denkt, erfahren wir nicht.*
Versetze dich in Leif: Schreibe auf, was er denken könnte.

Diese Aufgabe fordert Informationen. Arbeite gezielt:

1. **Wie viele unterschiedliche Informationen** sind gefragt? Wähle Stifte in ebenso vielen Farben. Hier sind es drei, also nimm dir drei Farbstifte: zum Beispiel Grün für Tine, Blau für Knut und Gelb für Leif.
2. Lies den Text und **unterstreiche** die gesuchten Informationen **farbig**.
3. Deine farbigen Unterstreichungen helfen, die Informationen **gezielt zusammenzufassen**.

Am Anfang	**Am Schluss**
____________	____________
____________	____________
____________	____________
____________	____________

Auch **mit Sprache** kann man **Bilder „zeichnen“**.

„Ein kleiner flinker Flitzer“ sagt dir mehr über mich als „Eichhörnchen“. „Hüter der Nüsse“ braucht schon etwas mehr Fantasie, nicht wahr? Ich verstecke meine Nüsse so gut, dass ich sie manchmal selbst nicht mehr finde ...

Solche sprachlichen Bilder musst du erschließen, um einen Text zu verstehen.

7 *Einige Textstellen fordern deine Fantasie heraus. Es sind sprachliche Bilder.*
a) Schreibe auf, in welchen Zeilen des Textes auf Seite 12 die folgenden Sätze stehen.
b) Erschließe ihre Bedeutung aus dem Zusammenhang.
Schreibe die Bedeutung auf.

Tipp zum Erschließen: *Lies dazu den Text um diese Sätze herum.*
Er hilft dir, die sprachlichen Bilder zu verstehen.

Eine schwarze Zunge, die gierig über das Eis tastete. Zeile: ____________

____

____

Die Leif trockenes Eis erreichen ließ, um ihn dann mit einem raschen Schlecken wieder einzuholen. Zeile: ____________

____

____

8 *Lies den folgenden Textauszug. Verwende deine Lesefolie.*

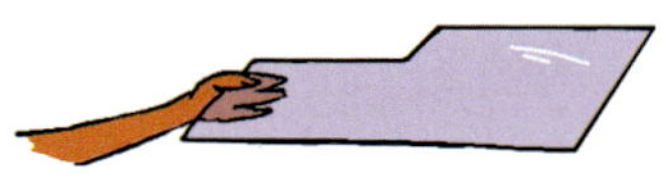

Ein eisiger Wind fegte auf sie zu. Erneut ging ein Knall durch das Eis. Fuhr wie ein Blitz über die Eisfläche.
„Hilfe! Das Eis geht auf! Hilfe!“ Sie schrien und heulten alle drei. Sie fuhren mit dem Schlitten weiter landeinwärts. „Das Eis bricht. Das Eis geht auf!“, heulte Tine. Da war die Wasserrinne im Eis. Schon breit. Kalt, dunkel, mit Windmustern darauf. „Hilfe, wir treiben vom Land ab! Hilfe!“
Sie weinten. Sie sprangen auf und fuchtelten mit den Armen. Knut hob den Schlitten über den Kopf und heulte. Sie trieben nicht schnell. Aber sie trieben aufs Meer hinaus. Der Wind kam in kalten Böen. „Schaut denn niemand aus dem Fenster?“, weinte Tine. „Sie schicken uns sicher bald ein Boot“, schluchzte Leif.
Langsam verschwand ein Haus nach dem anderen wieder hinter der Bergkuppe. Knut setzte sich stumm und bleich auf den Schlitten. Er sah die winterfest eingepackten Boote am Strand. Aber keine Menschenseele. Er sah den Schein der gelben Abendlichter in den Fenstern. Vielleicht konnte man gar nicht hinaussehen. Die Fenster schienen wie mit einer Folie überzogen.
Knut saß wie festgefroren und starrte auf das Unfassbare. Er konnte nicht weinen. Er konnte nicht schreien. In seinem Kopf schwirrte etwas herum.
Wer weiß denn, dass wir auf dem Eis sind? Keiner. Und es war mein Einfall. Warum muss immer ich die Einfälle haben? Den andern könnte doch auch einmal etwas einfallen, damit nicht immer ich Schuld habe.

9 *Führe den Handlungspfeil aus Aufgabe 4 (Seite 13) fort. Trage die Handlungsschritte hier selbst ein.*

Das Eis bricht, die Kinder treiben ab.			

10 *Welche Wörter erzeugen die Stimmung im Text?*

Eine gute Geschichte ist mit Wörtern geschrieben, die genau passen und die gut beschreiben. Das sind:

1. **Verben:** Es macht einen Unterschied, ob jemand etwas „sagt" oder ob er „schreit" und „heult".
2. **Beschreibende Wörter,** z.B. Adjektive: Eine Wasserrinne allein ist nichts Schlimmes. Aber eine „breite", „kalte" und „dunkle" Wasserrinne weckt Furcht.
3. **Nomen:** „Wind", „Sturm", „laues Lüftchen", „Böe", „Brise" – viele Wörter für Luftbewegungen, nicht wahr?

Ein Beispiel: „Das gemeine, bissige Nagetier knurrt dich an!" Na, hast du jetzt Angst vor mir?
„Das hübsche, flauschige Eichhörnchen lächelt dich an." Und jetzt?
Ich habe nur das Nomen, die Verben und die beschreibenden Wörter ausgetauscht.

Unterstreiche Nomen, Verben oder beschreibende Wörter, die die Stimmung im Text erzeugen. Ordne sie in die Tabelle ein.

Nomen (Hauptwörter)	**Verben (Tätigkeitswörter)**	**beschreibende Wörter (Adjektive und Partizipien)**

11 *Prüfe, wie gut du den Text verstanden hast.*
Kreuze an, ob die Aussagen richtig oder falsch sind:

	richtig	falsch
Das Eis bricht.	☐	☐
Die Kinder treiben ans Ufer.	☐	☐
Am Strand sind Menschen zu erkennen.	☐	☐
Der Strand ist menschenleer.	☐	☐
Die Boote sind verpackt.	☐	☐

Mittlerweile vermissen die Eltern von Tine und Knut ihre Kinder. Sie machen sich auf die Suche nach ihnen.

Die Eltern standen unten am Ufer. Das Eis war aufgegangen. Das jagte dem Vater einen Schrecken ein. Obwohl ihm klar war, dass es so sein musste. Die Kinder sind sicher nicht auf das Eis gegangen. Ohne Bescheid zu sagen. Und so spät, versuchte er sich zu beruhigen. Sie gingen ein Stück am Ufer entlang.

Zuinnerst in der Bucht lag noch ein bisschen Eis. An einigen Stellen hatte es den wackligen Steg emporgedrückt. Schief und krumm lief er hinüber zur Insel nach Langholmen. Da kam eine Schneeböe und Steg und Insel wurden zu undeutlichen Schatten. Der Vater schüttelte den Kopf, wollte gerade umkehren.

Aber plötzlich stutzte er. Drei Spuren von schlurfenden Füßen und diejenige eines Tretschlittens zeichneten sich auf der dünnen Schneeschicht ab, die auf dem Eis lag. Der Vater folgte den Spuren. Sie bogen um einen Felsblock, dort hatte sich das Eis gehoben. Am anderen Rand waren die drei offenbar auf den Schlitten gestiegen und losgefahren.

Die Spur führte auf den Fjord hinaus. Keuchend verfolgte er die Rillen der Schlittenkufen. Aber dann ging er langsamer. Schließlich blieb er stehen. Er starrte auf die Spur. Sie ging schnurgerade weiter. Und hörte abrupt auf. Über den Rand des Eises schwappte schwarzes Wasser.

12 *Lies den Text aufmerksam. Verwende deine Lesefolie.*

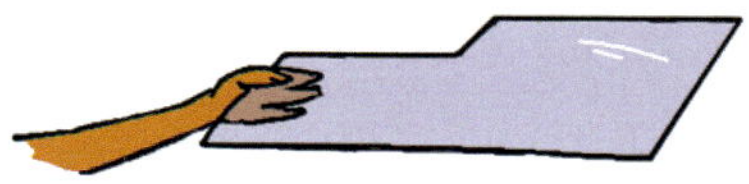

13 *Kläre die Bedeutung der folgenden Wörter.*
Schreibe die Bedeutung auf.

Fjord ______________________

schnurgerade ______________________

abrupt ______________________

stutzen ______________________

Steg ______________________

14 *In dem Textauszug steht eine bestimmte Figur (Person) im Vordergrund.*

Es ist ______________________.

15 *Ordne den folgenden Fragen die richtige Antwort zu. Verbinde Frage und Antwort durch eine Linie.*

Warum bekommt der Vater einen Schrecken? ○	○ Der Vater sieht Fußspuren von drei Kindern auf dem Eis.
Wie versucht sich der Vater zu beruhigen? ○	○ Der Vater erkennt, dass die Kinder in Gefahr sind.
Warum stutzt der Vater plötzlich? ○	○ Der Vater stellt fest, dass das Eis aufbricht.
Wohin führt die Spur? ○	○ Der Vater erinnert sich, dass die Kinder vernünftig sind.
Was erkennt der Vater schließlich? ○	○ Die Spur der Kinder führt auf den Fjord hinaus.

Die vom Vater eingeleitete Rettungsaktion dauert an. Wegen des schlechten Wetters muss die Suche aber zwischendurch eingestellt werden. Die Kinder können sich auf eine Insel retten, befinden sich aber noch immer in großer Gefahr. Die Müdigkeit und die Kälte setzen ihnen zu. Es gelingt ihnen, ein altes Boot in Brand zu setzen. Das Feuer sorgt für Wärme und bringt Gedanken an den Frühling. In dieser Situation erkennt Knut, was sich zwischen Tine und Leif entwickelt.

Leif und Tine waren wieder eng zusammengekrochen. Der Schein des Feuers fiel auf sie. Und auf die wirbelnden Schneeflocken. Sie saßen wie mitten im Licht. Was fantasiere ich da?, dachte Knut. Die beiden erinnerten ihn an etwas. An ein Bild, das Papa gemalt hatte. Warum fiel ihm dieses Bild gerade jetzt ein? Ganz deutlich stand es vor ihm. Ein Bild von einem Jungen und einem Mädchen. Zwischen ihnen wuchsen Blumen. Und um die beiden war ein schimmerndes Licht. In dem die beiden saßen. Sie teilten etwas. Das sah man ihren Augen an. Und den Blumen, die darin glänzten. Frühlingslicht hieß das Bild.

Knut sah Leif und Tine auf einmal mit neuen Augen. Er hatte es nicht gemerkt. Dass da auch ein Frühling war. Zwischen ihnen. Dieser Gedanke stimmte ihn versöhnlich. Ich glaube, jetzt verstehe ich die zwei besser, sagte er zu sich. Er fror, aber das Gefühl von Frühling und Versöhnlichkeit tat gut.

16 *Im Text sind einige Pronomen unterstrichen. Umkreise die Nomen, auf die sie sich beziehen.*

17 *Knut beobachtet Tine und Leif. Er entdeckt etwas. Was, das wird als sprachliches Bild ausgedrückt. Das Schlüsselwort für dieses sprachliche Bild ist „Frühling".*

a) Was fällt dir ein, wenn du an Frühling denkst? Schreibe auf.

Manchmal weiß man in einem Text nicht mehr, was zusammengehört.
Das liegt daran, dass ein **Nomen durch** ein **Pronomen ersetzt** wurde. Solche Pronomen sind zum Beispiel „er", „sie", „ihm", „ihn", „es", „ihnen", „wir" oder „ihr".

Beispiel:
Das Eichhörnchen ist supernett. Es verrät die besten Tricks. Sie helfen dir toll weiter!
Erkennst du nicht auf Anhieb, auf welches Nomen sich ein Pronomen bezieht, verstehst du den Text nicht. Lies ein bis zwei Sätze vor dem Pronomen: Meist findest du dort das zugehörige Nomen.

b) Unterstreiche im Text alles, was mit Frühling zu tun hat.

c) Erkläre mit deinen Worten diese Sätze (Zeile 17–19). Was meint Knut hier?

Er hatte es nicht gemerkt. Dass da auch ein Frühling war. Zwischen ihnen.

Die Geschichte von Knut, Tine und Leif bleibt bis zum Schluss des Buches spannend. Vielleicht hast du Lust, sie ganz zu lesen? Du kannst das Buch ausleihen oder in einer Buchhandlung kaufen.

18 *Stelle deinen Eltern oder deiner Klasse das Buch vor. Fasse den Inhalt zusammen: Benutze das Titelbild von Seite 12 und alle Textausschnitte, die du in diesem Kapitel gelesen hast. Beantworte als Vorbereitung auf deine Buchvorstellung die W-Fragen in Stichworten. Schreibe ins Heft.*

✓ Checkliste: Textknacker für Erzähltexte

In dieser Checkliste findest du alle Lesetricks aus diesem Kapitel. Vervollständige sie. Füge die angebotenen Wörter ein.

erschließen | Nomen | Sinn | zerlegen | Fantasie | Adjektive

Pronomen | nachschlagen | Reihenfolge | Verben | Lesefolie

☐ 1. Schritt: **Überfliege** den Text. Halte deinen ersten Eindruck fest: *Worum geht es im Text?*

Mit einer ____________________ geht das Lesen leichter.

☐ 2. Schritt: **Kläre die Bedeutung unbekannter Wörter.** Du kannst die Bedeutung aus dem Zusammenhang

____________________ oder das Wort in einem Lexikon ____________________.

Zusammengesetzte Wörter solltest du ____________________.

☐ 3. Schritt: Zeichne einen **Handlungspfeil** ⟶ und trage den Ablauf der Handlung in richtiger ____________________ darauf ein.

☐ 4. Schritt: Lies ein zweites Mal und unterstreiche **sprachliche Bilder** und **beschreibende Wörter.** Sprache schafft in deinem Kopf Bilder von dem Dargestellten. So wird das **Erzählte anschaulich.** Nutze den Text, aber auch deine ____________________, um solche Bilder zu verstehen und zu erklären. Beschreibende Wörter schaffen die **besondere Stimmung** eines Textes. Achte auf ____________________, ____________________ sowie ____________________ und Partizipien, wenn du diese Stimmung wiedergeben sollst. Manchmal ist ein Text missverständlich, weil nicht klar ist, auf welches Nomen sich ein ____________________ bezieht. Suche das Bezugswort in den vorhergehenden Sätzen, um den __________ des Textes zu erschließen.

☐ 5. Schritt: **Stelle Fragen** an den Text: *Wer? Was? Wann? Wo? Wie? Warum?*

Über die Figuren erfährst du etwas, weil ihr Verhalten dargestellt wird, aber auch ihre Gedanken.

☐ 6. Schritt: Gliedere den Text in **Abschnitte** und finde **Zwischenüberschriften.**

☐ 7. Schritt: **Fasse** den Inhalt kurz **zusammen:** *Knappe Notizen.*

Erzählen zu einer Bildergeschichte

Stoff für die Erzählung sammeln

1 *Worum geht es in dieser Bildergeschichte? Nummeriere die Bilder in der Reihenfolge der Geschichte.*

W-Fragen helfen dir, Ideen für eine Erzählung zu sammeln und zu ordnen. W-Fragewörter sind zum Beispiel: „Wer?", „Wann?", „Wo?", „Was?", „Wie?", „Warum?" „Welche Folgen?"

2 *Schau dir die Bilder genau an. Schreibe unter jedes Bild:*

was geschieht, → wo es sich zuträgt, → wann es abläuft,
wer daran beteiligt ist und → wie sich die Dinge → warum entwickeln.

Die folgenden Wörter helfen dir dabei.

Mitternacht | Junge | Zeitvertreib | Eltern | Taschenlampe

Riesenschreck | Geisterstunde | Schlafenszeit | Kino | Uhrzeit

Mädchen | Nacht | Erscheinung | Betttuch | Schabernack

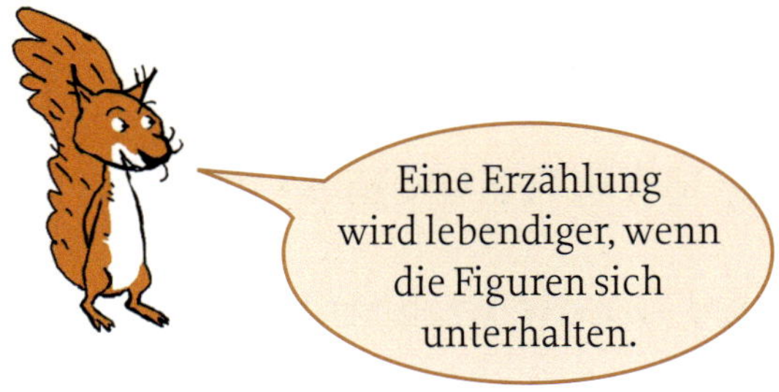

3 *a) Was könnten die Figuren in der Geschichte sagen?*
Fülle die Sprechblasen zum ersten Bild aus.

b) Schreibe in dein Heft: Was könnten die Figuren in den Bildern 2 bis 4 sagen?
Schreibe jeweils einen Satz zu jeder Figur, die du im Bild siehst.

4 *Ordne die Nummern der Bilder in die Spannungskurve ein.*

Eine Erzählung braucht einen sinnvollen Aufbau.
Schau dir die Spannungskurve an. Gliedere deine Erzählung in
□ **Einleitung**, □ **Hauptteil** mit Höhepunkt und □ **Schluss**.

Die Spannungskurve

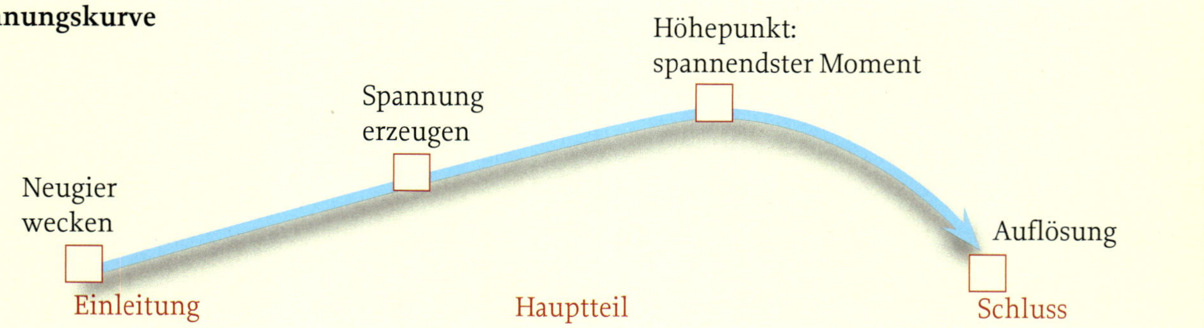

Bravo! Nun hast du alles zusammengetragen, was du für eine gelungene Erzählung brauchst: Handlung, Gespräche und eine Spannungskurve für deine **Gliederung**. Nun kann es weitergehen!

Die Einleitung schreiben

Die Einleitung muss Neugier wecken.
Sie muss die wichtigsten W-Fragen beantworten: Wer? Wo? Was? Wann?

5 *Mike, Pinar und Katharina haben Einleitungen zu der Bildergeschichte geschrieben.*

Die Einleitung greift die Situation auf, die in Bild 1 dargestellt ist.

a) Lies die drei Einleitungen.
b) Kreuze an, welche Einleitung du gelungen findest.

☐ MIKE: *Letztens waren die beiden Kinder abends zu Hause. Ich weiß nicht, wo die Eltern waren. Vielleicht im Kino. Die Kinder jedenfalls waren allein. Sie überlegten, was sie tun sollten. Bald hatten sie auch eine Idee. Sie wollten Karten spielen. Es war jetzt sieben Uhr. Aber es sollte noch schlimmer kommen.*	Diese Einleitung ist ______________ ______________.
☐ PINAR: *Eines Abends erschreckten sich Carl und Merle furchtbar über ihre Eltern. Dabei hatte alles so ruhig angefangen. Die Eltern waren ins Kino gegangen und die beiden Kinder setzten sich in die Küche, um Karten zu spielen.*	Diese Einleitung ist ______________ ______________.
☐ KATHARINA: *An einem Herbstabend, kurz vor Halloween, geschah etwas ziemlich Gruseliges. Herr und Frau Meier wollten ins Kino. Simone und Thomas freuten sich auf einen gemütlichen Abend allein zu Hause. Sie versprachen, gegen 22.00 Uhr ins Bett zu gehen. Thomas holte die Karten, er wollte seiner Schwester das Pokerspielen beibringen.*	Diese Einleitung ist ______________ ______________.

6 *Schreibe neben jede Einleitung, wie der Text auf dich wirkt.*
Du kannst dafür eines der angebotenen Wörter auswählen.

spannend *langweilig* *durcheinander* *uninteressant* *fesselnd*

7 *Schreibe selbst eine Einleitung.*
Schau dir dazu das erste Bild auf Seite 19 noch einmal genau an.

Die Einleitung darf den
öhepunkt nicht vorwegnehmen!
ıst wird die ganze Geschichte lang-
eilig. Deute die Spannung nur an.
Gib deinen Figuren Namen.

____

____

____

____

Den Hauptteil schreiben

Den Hauptteil deiner Erzählung schreibst du am besten Schritt für Schritt!

Schritt 1: Schreibe Gespräche (wörtliche Rede).

Für Aufgabe 4 auf Seite 20 hast du schon aufgeschrieben, was die Figuren in der Erzählung sagen könnten. Lies noch einmal durch, was dir dazu eingefallen ist.

8 *a) Schreibe zu Bild 2 und 3 des Hauptteils, was die Figuren sagen.*

Bild 2:

Mädchen: ______

Junge: ______

Mädchen: ______

Junge: ______

Bild 3:

Junge: ______

Mädchen: ______

Junge: ______

Mädchen: ______

b) Formuliere einen Begleitsatz zu jeder wörtlichen Rede. Schreibe in dein Heft.

9 *a) Achte auf die richtigen Satzzeichen. Zeichne zu jedem Beispiel die Satzzeichen in die Sätze ein. Der erste Satz zeigt es dir.*

Begleitsatz: „Wörtliche Rede." Carla sagte: „Endlich sind Mama und Papa weg."

„Wörtliche Rede", Begleitsatz. Endlich sind Mama und Papa weg sagte Carla

„Wörtliche Rede", Begleitsatz, „wörtliche Rede". Endlich sagte Carla sie sind weg

„Wörtliche Rede?", Begleitsatz. Sind sie wirklich weg fragte Jens

„Wörtliche Rede!", Begleitsatz. Ja, sie sind weg rief Carla

b) Überarbeite die wörtliche Rede in deinem Heft: Hast du die Satzzeichen richtig verwendet?

Super! Deine Satzmuster helfen mir, wenn ich mal wieder nicht weiß, wo bei der wörtlichen Rede welche Satzzeichen stehen müssen. Danke!

10 *a) Lies das folgende Gespräch. Was fällt dir auf?*

Carla sagt: „Juchu! Mama und Papa sind im Kino. Wir sind allein.“

Jens sagt: „Ja, klasse! Ich hole die Karten, du wolltest doch Pokern lernen?“

Carla sagt: „Sturmfreie Bude. Weißt du was? Wir gehen einfach ins Bett, wann wir Lust haben.“

Jens sagt: „Gute Idee. Die Eltern kommen bestimmt so spät heim, dass sie nichts merken.“

b) Unterstreiche die Verben in den Begleitsätzen.

Folgendes Verb wird verwendet: ______________________ .

11 *Ob ein Verb treffend ist, hängt davon ab, wie jemand spricht und wie er sich fühlt, zum Beispiel „aufgeregt“, „laut“, „leise“, „sachlich“, … Wähle für jeden Satz ein treffendes Verb aus. Trage es in die Lücke ein.*

Wortfeld „sagen“: Welches Wort passt in welchem Zusammenhang?

sprechen	flüstern	antworten	fragen	schreien	rufen	rätseln
brüllen	schimpfen	betonen	erklären	erzählen	verkünden	bemerken

Carla ______________________: „Juchu! Mama und Papa sind im Kino. Wir sind allein.“

Jens ______________________: „Ja, klasse! Ich hole die Karten, du wolltest doch Pokern lernen?“

Carla ______________________: „Sturmfreie Bude. Weißt du was? Wir gehen einfach ins Bett, wann wir Lust haben.“

Jens ______________________: „Gute Idee. Die Eltern kommen bestimmt so spät heim, dass sie nichts merken.“

12 *Schreibe zu Bild 2 und 3 ein Gespräch.*

- ☐ *Gib den Figuren Namen.*
- ☐ *Achte auf die richtigen Satzzeichen in der wörtlichen Rede.*
- ☐ *Verwende in den Begleitsätzen treffende Verben aus dem Wortfeld „sagen“.*

Schritt 2: Arbeite die Handlung aus.

- ☐ Spannend und **abwechslungsreich** wird deine Erzählung durch die Handlung, die du ihr gibst.
- ☐ Das Gespräch (der Dialog) macht sie **lebendig**.

13 *a) Ideen für das Geschehen hast du bereits gesammelt und zu Aufgabe 2 b auf Seite 19 notiert.*
Lies nach, was du zu Bild 2 und 3 aufgeschrieben hast.
b) Schreibe eine Geschichte.
Füge die Gespräche ein, die du auf Seite 22 und 23 erarbeitet hast.

***Tipps:** Schreibe eine erste Fassung in dein Heft.*
Lasse zwischen deinen Schreibzeilen immer eine Zeile zur Überarbeitung frei. Das Beispiel zeigt es:

An einem Herbstabend, kurz vor Halloween, geschah etwas ziemlich Gruseliges.

Herr und Frau Meier wollten ins Kino. Carla und Jens freuten sich auf einen gemütlichen Abend.

Den Hauptteil überarbeiten

Schritt 3: Überarbeite deine erste Fassung.

14 *Prüfe:*
- ☐ *Sind alle Sätze vollständig?*
- ☐ *Hat jeder Satz am Schluss einen Punkt (oder ein Ausrufezeichen oder Fragezeichen)?*
- ☐ *Hast du jeden Satzanfang großgeschrieben?*
- ☐ *Gibt es Rechtschreibfehler? Hilfen zur Berichtigung findest du auf Seite 33–47.*
- ☐ *Ist das Geschehen in einer sinnvollen Reihenfolge dargestellt?*

Schritt 4: Schmücke deine Sätze aus.

Beschreibende Wörter (Adjektive und Partizipien) machen deine Sätze **genauer** und **anschaulicher**.
„Bin ich ein Eichhörnchen?" Ja! Aber genauer und anschaulicher ist dies:
„Ich bin ein schönes und schlaues Eichhörnchen mit weichem, gepflegtem Fell." –
„Ich bin ein hübsches und cleveres ..." – schon gut, es reicht, ich habe verstanden ...

15 *Ergänze in den folgenden Sätzen die beschreibenden Wörter. Achte auf passende Zusammenhänge.*

warme | erzürnten | ziemlich | schnell | listig | überraschend | kluge

Jens war ______________ wütend. Die ______________ Carla hatte ______________ Pokern gelernt und ihn ______________ besiegt.

Um ihren ______________ Bruder zu besänftigen, schlug Carla ______________ vor, heute einfach nicht ins ______________ Bett zu gehen.

16 *Überarbeite deinen Text. Prüfe, wo du beschreibende Wörter ergänzen kannst.*

Schritt 5: *Verwende genau passende Verben. Achte auf Abwechslung.*

17 *a) Welche Verben sind gleich? Streiche sie durch.*
b) Schreibe abwechslungsreiche Verben über die Zeilen.
Achtung: Wenn du Verben austauschst, verändert sich manchmal auch der Satzbau.

besuchten ein Kino.

Die Eltern ~~gingen~~ ins Kino. Jens und Carla gingen in das Wohnzimmer. Dann ging Jens schnell

in sein Zimmer, um Karten für das Pokerspiel zu holen. Er ging wieder zu Carla zurück.

Das Spiel ging endlich los.

18 *Setze die Verben in Klammern in die Lücken ein. Denke ans Präteritum (Vergangenheit).*

Es war (sein) inzwischen Mitternacht. Jens und Carla ______ (haben) nun doch ein schlechtes Gewissen. Jens ______ (mahnen): „Komm, Carla, lass uns doch ins Bett gehen." „Wieso, ist doch witzig hier!", ______ (erwidern) seine Schwester. „Uauauauauiiiii!", ______ (kreischen) und ______ (jaulen) es in diesem Moment. Entsetzt ______ (schauen) die Kinder zum Fenster, wo die Geräusche ______ (herkommen). Sie ______ (erblicken) zwei weiße, flatternde Gestalten, die von innen heraus ______ (glühen). Die Haare ______ (stehen) ihnen zu Berge. „Ist denn heute schon Halloween?", ______ (quetschen) Jens zwischen den Zähnen heraus. „Was ist das nur?"

Schritt 6: *Erzähle spannend.*

„Spannungsmelder" ziehen deine Leser in den Bann, zum Beispiel: *plötzlich, in diesem Augenblick …*
Sie helfen dir auch, die Satzanfänge abwechslungsreich zu schreiben.

19 *Trage passende Spannungsmelder ein, wähle aus. Achtung: Schreibe am Satzanfang groß.*

plötzlich | *in diesem Moment* | *auf einmal* | *völlig unerwartet* | *jäh* | *blitzartig*

______ verschwanden die Lichtgestalten. ______ standen die Eltern in der Haustür. Sie waren ______ früher aus dem Kino zurückgekehrt.

20 *Überarbeite den folgenden Text.*
Suche nach Satzzeichen in der wörtlichen Rede und abwechslungsreichen Verben.
Prüfe: Stehen die Verben im Präteritum?
Unterstreiche Fehler.
Schreibe die Verbesserung in die Zeile darüber.

VORSICHT FEHLER!

war

Jens schaute besorgt auf die Uhr. Es ~~ist~~ 23.00 Uhr. „Eigentlich sollen wir jetzt schlafen gehen“, sagte er. Carla sagte:

Och, warum? Ist doch gerade lustig jetzt. Und ich gewinne! Draußen war es inzwischen ganz schön finster.

In Wahrheit fürchtet sich Jens so spät allein zu Hause. Auf einmal sprang Carla auf. „Ich habe eine Idee ruft sie

aufgeregt. „Wir erschrecken die Eltern!“ Jens zögerte. „Wie soll das gelingen?“ sagte er. „Wir nehmen die Taschen-

lampen aus dem Küchenschrank sagte Carla und dann verstecken wir uns im Flur. Wenn sie heimkommen,

springen wir sie an.“ Aber die Kinder finden keine Taschenlampen.

21 *Überarbeite den folgenden Text.*
Ergänze Spannungsmelder und beschreibende Wörter.
Schreibe den Text anschließend verbessert neu auf.

VORSICHT FEHLER!

Vor dem Fenster erschienen Gestalten. Sie tanzten. Sie schrien. Sie verschwanden und tauchten wieder auf. Die Kinder waren erstarrt. Sie überlegten, was los war. Jens hatte eine Idee.

Plötzlich erschienen vor dem Fenster zwei helle Gestalten.

Den Schluss schreiben

Der Schluss löst die Spannung auf.

Er hört mit einem **Schlusssatz** auf. Du kannst:
- auf den Beginn der Erzählung (Einleitung) zurückgreifen:
  Eigentlich hatten sich die Kinder auf diesen Abend gefreut, doch dann endete er ziemlich peinlich!
- einen weiteren Denkanstoß geben:
  Also eines haben Jens und Carla gelernt: Ihre Eltern kann man nicht so leicht veräppeln ...
- die Geschichte „ausklingen" lassen:
  Alle vier lachten noch oft über diese „Fenstergeister"!

22 *Schreibe den Schlussteil.*
Denke an einen interessanten Schlusssatz.

____

____

____

____

____

____

23 *Formuliere eine Überschrift, die zu deiner Erzählung passt.*
Welche der folgenden Überschriften würdest du wählen?
Kreuze an.

- ☐ *Endlich allein zu Hause*
- ☐ *Ein gruseliges Erlebnis*
- ☐ *Geisterstunden haben es in sich!*

✓ Checkliste: Eine Erzählung schreiben

- ☐ **Stoffsammlung:** *Wer? Was? Wann? Wo? Wie? Warum?*
- ☐ **Gliederung:** Eine Erzählung hat drei Teile: *Einleitung, Hauptteil* und *Schluss*.
- ☐ Schritt 1: **Gespräche** schreiben. Auf *Satz- und Anführungszeichen* und *abwechslungsreiche Begleitsätze* achten.
- ☐ Schritt 2: Gliederung mit Hilfe der **Spannungskurve** anlegen, **Handlung** ausarbeiten, erste Textfassung schreiben.
- ☐ Schritt 3: Erste Textfassung **überarbeiten:** *Sätze vollständig? Rechtschreibung? Sinnvolle Reihenfolge?*
- ☐ Schritt 4: Sätze ausschmücken: Mit *beschreibenden Wörtern* **anschaulich und genau schreiben**.
- ☐ Schritt 5: Genau *passende Verben* verwenden. **Abwechslungsreich schreiben.**
- ☐ Schritt 6: **Spannend erzählen.** *Spannungsmelder* verwenden.

Erzählen zu einer zweiten Bildergeschichte

24 *Schreibe eine Erzählung zu dieser Bildergeschichte.*
Gehe Schritt für Schritt so vor, wie auf den Seiten 19 bis 27 erklärt.
Die Checkliste auf Seite 27 hilft dir beim Schreiben.

Sachlich beschreiben

Informationen für einen Tiersteckbrief sammeln

1 *Schau dir das Foto genau an.*
a) Notiere, welche Einzelheiten dir an dem Papagei auffallen.

Größe: ca. 40 cm

b) Marlon hat schon überlegt, was er über seinen Papagei weiß. Lies seine Notizen.

Tierart: Papagei, genauer: hellroter Ara
Name: Luke
Kletterfuß (zwei Zehen vorn, zwei hinten)
Luke kann seinen Namen sprechen
badet gern
von der Oma geerbt: ca. 40 Jahre alt
braucht dringend frisches Wasser
frisst Körner und Nüsse
gestutzte Schwanzfedern (kann nicht fliegen)
roter Ring am rechten Bein

Einen Tiersteckbrief ausarbeiten

2 *Ordne die Informationen von Seite 29 den folgenden Oberbegriffen zu.*

a Tierart
- Papagei
-

b Aussehen

c Besonderheiten

d Verhalten
- badet gern
-

Lege einen **Schreibplan** an:

1. Wähle Informationen nach Wichtigkeit aus.
2. Ordne sie in sinnvoller logischer Reihenfolge, also zum Beispiel
   a Tierart (oder Rasse),
   b Aussehen von oben nach unten,
   c Besonderheiten,
   d Verhalten.
3. Halte dich beim Schreiben an diese Reihenfolge.

3 *a) Markiere in den Listen oben zehn Informationen, die das Tier in besonderer Weise beschreiben.*
b) Notiere sie in sinnvoller logischer Reihenfolge für deinen Schreibplan.
Kontrolliere die Reihenfolge: Trage in das Kästchen den Buchstaben ein, der zum Oberbegriff gehört.
Ist die Reihenfolge von a zu d geordnet?

1 Papagei: hellroter Ara [a]
2
3
4
5
6
7
8
9
10

4 *Marlon hat einen Steckbrief für seinen Papagei geschrieben. Er hat dazu Eichhörnchens Schreibplan verwendet.*
a) Prüfe, ob Marlons Beschreibung eine sinnvolle Reihenfolge hat.
Schreibe hinter jeden Satz die Nummer des passenden Oberbegriffs.

Tierart = 1

Aussehen = 2

Besonderheiten = 3

Verhalten = 4

Hallo Leute!

Mein Papagei ist weggeflogen ☐. Dabei kann er gar nicht fliegen, weil seine Schwanzfedern gestutzt sind ☐. Er hat einen roten Ring am rechten Bein, daran kann man ihn erkennen ☐. Er badet oft, das mag er so gern ☐. Luke ist übrigens ein hellroter Ara ☐. Aber er ist nur ein bisschen rot, obenrum ☐. Außerdem trägt er gelbe und blaue Federn ☐. Auf seinen Namen hört er nicht, aber er kann ihn sprechen – ziemlich laut sogar ☐.

Wer ihn findet, soll mich bitte anrufen: Marlon (01 86) 45 63 90.

b) Trage ein: eine oder keine?

Marlons Beschreibung hat ____________ sinnvolle Reihenfolge.

Beschreibungen müssen **sachlich** und **genau** geschrieben sein.
Vermeide Ausschmückungen und überflüssige Wörter.

5 *a) Lies die beiden Sätze rechts und links und unterstreiche genaue Informationen.*
b) Entscheide, welcher Satz sachlich und knapp geschrieben ist. Kreuze an.

Möglichkeit A	Möglichkeit B
☐ Unser Ara entschwand hinterlistig am Samstag.	☐ Seit Samstag, 21.4.2007, ist unser hellroter Ara verschwunden.
☐ Er heißt Luke.	☐ Er trägt den stolzen Namen Luke, nach dem Star-Wars-Helden Luke Skywalker.
☐ Sein Federkleid zeigt sich am Kopf hellrot, am Flügelansatz gelb und zum Schwanz hin blau.	☐ Luke hat bunte Federn, er ist sehr schön.

Verwende **genau beschreibende Verben**. Überlege immer, wenn du „hat" oder „ist" schreiben möchtest, ob es stattdessen ein anderes Verb gibt.

6 *Schreibe für die folgenden Sätze andere Verben als „haben" und „sein" auf. Anregungen findest du auf Seite 31. Ergänze weitere Verben.*

Er hat den Namen Luke. ______

Aras haben bunte Federn. ______

Luke hat gern ein Bad. ______

Luke ist Marlons Papagei. ______

Lukes Füße sind Kletterfüße. ______

Lukes Schwanz ist gestutzt. ______

7 *Schreibe einen Tiersteckbrief für Luke.*
Schreibe in dein Heft.
- ☐ *Achte auf deinen Schreibplan (Aufgabe 3, Seite 30).*
- ☐ *Formuliere sachlich und knapp.*
- ☐ *Verwende genau beschreibende Verben.*

8 *Schreibe einen Tiersteckbrief für das Eichhörnchen.*
Die folgende Checkliste hilft dir beim Schreiben.

✓ Checkliste: Sachlich beschreiben

☐ Sammle möglichst **genaue Informationen** zu dem zu beschreibenden Tier oder Gegenstand.

☐ Lege einen **Schreibplan** an:

☐ Schritt 1: Wähle Informationen nach Wichtigkeit aus.

☐ Schritt 2: Ordne sie in sinnvoller logischer Reihenfolge, also zum Beispiel
- a Tierart (oder Rasse),
- b Aussehen von oben nach unten,
- c Besonderheiten,
- d Verhalten.

☐ Schritt 3: Halte dich beim Schreiben an diese Reihenfolge.
- ☐ Schreibe sachlich und genau. Vermeide Ausschmückungen und überflüssige Wörter.
- ☐ Verwende genau beschreibende Verben.

Überlege immer, wenn du *hat* oder *ist* schreiben möchtest, ob es ein besseres Verb gibt.
Ausgenommen sind natürlich die Hilfsverben in den Perfektformen:
*Er **ist** entlaufen. Er **hat** gesungen.*

Rechtschreiben – Strategie 1: Schwingen

1 *a) Schreibe die langen Wörter ab.*

Autoraserkontrolle ☐ ____________________

Sommerblumenblüte ☐ ____________________

Pampelmusensalat ☐ ____________________

Menschenkindergeschichten ☐ ____________________

Wanderbaustellenschilder ☐ ____________________

b) Kreuze an, wenn du bei einem Wort ein Problem hattest.
c) Überlege, warum dir das Schreiben langer Wörter schwerfällt. Kreuze an, was für dich zutrifft.

Lange Wörter machen jedem Mühe beim Schreiben! Aber manche kennen einen guten Tipp, der dabei hilft: das Schwingen.

☐ Ich schreibe nicht gern so lange Wörter.
☐ Ich habe Angst, Fehler zu machen.
☐ Ich kann mir das lange Wort nicht merken.
☐ Ich merke mir einzelne Buchstaben.
☐ Beim Schreiben komme ich dann durcheinander.
☐ Ich vergesse beim Abschreiben, wo ich im Wort bin.
☐ Ich vergesse Buchstaben.
☐ Ich verwechsele Buchstaben.
☐ Ich mache Fehler.

Sprechabschnitte nennt man auch **Silben**. „Schwingen" heißt, Wörter in Silben sprechen.

2 *Probiere aus, wie das Schwingen dir helfen kann. Lies die folgenden Wörter deutlich in Sprechabschnitten.*

Beispiel: Silbenbogen = Sil ben bo gen

Ge schich ten vor le se buch

Zi tro nen fal ter far be

Le der ho sen be las tungs pro be

Gar ten blu men sa men

Bewege dich beim Silben-Sprechen: Stelle dich mit beiden Beinen locker hin und halte deine Schreibhand in der Luft. Gehe bei jeder Silbe einen Schritt nach rechts und ziehe mit der Schreibhand einen Silbenbogen durch die Luft. Beende die Silbe, indem du den linken Fuß neben den rechten stellst.

3 *a) Lass dir die Wörter aus Aufgabe 2 diktieren. Sprich beim Schreiben langsam mit.*
b) Zeichne zur Kontrolle unter jede Silbe einen Silbenbogen.

Das geht so: Sil ben bo gen Sprich beim Zeichnen laut mit.

Warum das Schwingen hilft

4 *Für die Schreibung aller Laute in unserer Sprache gibt es 26 Zeichen, die Buchstaben.*

A E I O U ____________________

B C D F G H J K L M N P Q R S T V W X Y Z ____________________

a) Jeder Buchstabe steht für einen Laut. Lies jeden Buchstaben laut und hör genau hin.
b) Die Buchstaben der ersten und der zweiten Zeile unterscheiden sich.

Trage ein: In welcher Reihe stehen Selbstlaute/Vokale? (Du hörst nur einen Laut.)

In welcher Reihe stehen die Mitlaute/Konsonanten? (Mehrere Laute klingen mit.)

5 *Aus Lauten werden Silben. Die Buchstaben geben dir Hinweise, wie du die Silben sprichst.*
a) Probiere aus – sprich die folgenden Silben laut:

ha ne na ni na no na nu tra ra tra re tra ro tra ru

a bra ka da bra sim sa bim sa bam sa bom sa

b) Erfinde weitere Silbenreihen: ____________________
c) Ergänze die Regel:

Eine Buchstabenart kommt in jeder Silbe vor. Das sind die ____________________.

Sie sind die Könige der Silbe.

Die Könige der Silbe kann man lang oder kurz sprechen.

6 *Woher weißt du, ob man einen Vokal lang oder kurz spricht?*
a) Sieh dir die Silben in Aufgabe 5 genau an:
Du kannst zwei Muster entdecken, nach denen sie gebildet werden. Ergänze:

- ☐ Eine Silbe endet entweder mit einem V____________________, dann ist sie **offen,** oder
- ☐ sie schließt mit einem K____________________, dann ist sie **geschlossen**.

b) Umkreise in Aufgabe 5 die offenen Silben, unterstreiche die geschlossenen.

7 *In welchen Silben spricht man den Vokal kurz, in welchen lang?*
Probiere an den Silben aus Aufgabe 5 aus und ergänze:

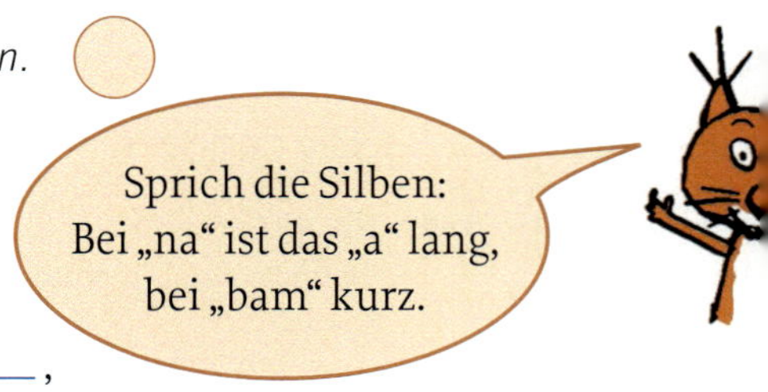

In offenen Silben spricht man den Vokal immer ____________________,

in geschlossenen Silben spricht man ihn meistens ____________________.

8 *Wenn du die Silben sehr deutlich sprichst, kannst du den Lauten die Buchstaben zuordnen und sie auch richtig schreiben.*

- ☐ *Schreibe die Wörter aus Aufgabe 2 ab oder lass sie dir diktieren. Sprich beim Schreiben leise mit.*
- ☐ *Zeichne zur Kontrolle Silbenbögen. Sprich auch dabei mit.*

Wie Wörter gebildet werden

9 *a) Lies die folgenden Silben sehr genau.*

Him Bet Mit O Mar Glä Kar ~~Es~~

me mel la tag ten fen de tof ~~sen~~ fel ser

b) Bilde aus diesen Silben Wörter. Beginne mit den Silben aus der ersten und ergänze aus der zweiten Reihe. Du kannst sechs 2-silbige Wörter, ein 3-silbiges und ein 4-silbiges Wort finden.

Wörter mit zwei Silben: das Essen ____________________

____

Wort mit drei Silben: ____________________

Wort mit vier Silben: ____________________

c) Kannst du alle Silben in nur vier Wörtern unterbringen? ____________________

____

____

Wahrscheinlich hast du bereits gefundene Wörter aneinandergesetzt. Dann hast du Schlangenwörter erfunden. Sehr gut!

10 *Übe das Schwingen mit langen Wörtern. Gehe so vor:*

- ☐ *Sprich jedes Wort zuerst laut und sehr deutlich in Silben und bewege dich dabei (auf Seite 33 zeigt das Eichhörnchen dir, wie).*
- ☐ *Schreibe das Wort und sprich in Silben mit. Sprich nicht schneller, als du schreibst.*
- ☐ *Kontrolliere das geschriebene Wort mit Hilfe von Silbenbögen. Zeichne sie unter das Wort. Sprich auch dabei in Silben mit.*
- ☐ *Prüfe, ob in jeder Silbe ein Silbenkönig steckt.*

Einige Silbenkönige haben eine besondere „Krone“, die Umlaute: ä, ö, ü.

Andere kommen nur zu zweit daher, die Doppellaute: au, eu, ei, äu.

Haus auf ga ben sün der kar tei

Lesesesselkissen ____________________

Menschenkindergeschichten ____________________

Schlüsselblumenkelche ____________________

Füllerkappenschoner ____________________

Löwenkäfigtürschlösser ____________________

Gammelfleischpolizei ____________________

Lausebengelstreiche ____________________

11 *a) Bilde aus den folgenden Nomen Schlangenwörter. Schreibe diese auf.*
b) Schwinge die Schlangenwörter. Zeichne Silbenbögen ein.

Bananen + Schale = ______

Elefanten + Rüssel = ______

Hasen + Beine = ______

12 *a) Setze noch längere Wörter zusammen.*
b) Schwinge die langen Wörter. Zeichne Silbenbögen ein.

Band + Wurm + Wörter = *die* ______

Schlitten + Hunde + Leine = ______

Schinken + Braten + Kruste = ______

13 *a) Setze aus den Wörtern sinnvoll neue Wörter zusammen. Schreibe auf jede Linie ein Wort.*
b) Schwinge jedes neu gebildete Wort und kontrolliere die Silbenkönige.

Hunde Mittag Füller Blusen

Hosen Sonnen Bären Falken Socken

Schlau Schweine Schlangen Essen

Knöpfe Borsten Brause Beine Flüge

Laus Pulver Kuchen Strumpf Patrone

Löcher Diktat Meier Hosen Hitze

Wörter Bürsten Futter Buben

______
______
______
______
______
______
______

✓ Checkliste: Schwingen

Ergänze die Checkliste:

bewegen | *Silbenbögen zeichnen* | *mitsprechen*

Schwingen heißt,

deutlich in Silben **sprechen** und sich dabei ______,

beim **Schreiben** in Silben ______,

beim **Kontrollieren** in Silben sprechen und dabei ______.

Du führst also immer zwei Dinge gleichzeitig aus.

Besondere Laute – besondere Buchstaben: st und sp, qu

14 *a) Schwinge die folgenden Wörter. Sprich alle Wörter laut.*
b) Achte auf den Anfang der Wörter.
Markiere, wo du anders sprichst, als du schreibst.

schwimmen Schreiner
Schweine Schneider
schrecklich schreiben
schnuppern schwingen
Schlager schlaff
Schrotflinte Schleier
Schwergewicht
Schnittwunde Schweden

Sprichwörter spenden
Spottdrosselgesang
Sternbilder sprachlos
Strandkörbe
Sportflugzeugpilot
Sprechzeiten springen
Starenkasten stolpern
stoßen spinnen steif

Sicher hast du die Regel herausgefunden. Ergänze sie:

Den Laut schp schreibt man immer ______________,

den Laut scht schreibt man immer ______________.

Prüfe mit dem Lösungsheft, ob deine Ergänzung stimmt.
c) Lege eine Tabelle an und finde weitere Beispiele. Beim Suchen hilft dir das Wörterbuch.

15 *Schwinge die Wörter und markiere die Besonderheit.*

Quarkspeise

Quelle

Quadrat

Quasselwasser

Querkopf

Quatschkopf

Quecksilber

Qualitätskontrolle

Den Laut kw schreibt man **immer** ______________.

- ☐ *Schreibe auch diese Regel und die Wörter richtig in dein Heft.*
- ☐ *Findest du weitere Wörter? Schreibe sie in dein Heft.*

Die Silbengrenze

Zweisilbige Wörter haben eine Silbengrenze in der Mitte des Wortes. Dort gibt es Besonderheiten zu entdecken.

Silbengrenze heißt:
Hier ist eine Silbe zu Ende,
die zweite beginnt.

16 *Bei Wörtern mit* ng *oder* nk *schwingst du so:* Men ge , ran ken .
Schwinge die folgenden Wörter.

bange	hängen	wanken
die Zange	fangen	zanken
lange	winken	denken
die Wange	linken	blinken

17 *Wie schwingst du diese Wörter? Probiere aus.*

die Tische	die Tasche	die Bäche	lachen
die Wäsche	die Lasche	die Küche	machen

Möglicherweise sprichst du hier beim Schwingen zweimal sch oder ch. Man schreibt es aber nur einmal. Deswegen kannst du bei diesen Buchstaben einen **Kreuzbogen** verwenden. Der geht so:

Flasche   wachen

18 *a) Schwinge diese Wörter.*
b) Trage sie richtig in die Tabelle ein.

die Zunge   die Lunge   die Angel   der Engel   die Stange

wischen   schwingen   die Bleche   kichern   die Fläche   die Fische

die Masche   kochen   der Locher   mischen   die Köche   wachen

waschen   zischen   der Bengel   die Enkel   der Henkel   stinken

zwinkern   lenken   schenken   rascheln   die Ranke

Mit richtigem Schwingen kannst du 50 % aller Wörter richtig schreiben!

ng	nk	ch	sch
die Zunge			

Doppelte Konsonanten schreiben

Das Schwingen kann dir helfen, doppelte Konsonanten zu schreiben.

19 *a) Schwinge folgende Wortpaare.*

Hüte – Hütte   Rose – Rosse   beten – Betten

Hast du es bemerkt? Die doppelten Konsonanten kann man beim Schwingen hören.

b) Schwinge die Wörter erneut und untersuche die Silbengrenze. Finde gemeinsame Merkmale.

die Hüte	die Hütte
die Rose	die Rosse
beten	die Betten
Die erste Silbe ist ___.	Die erste Silbe ist ___.

Überlege, was du über den **Bau der Silben** herausgefunden hast.

c) Bravo, du hast die erste Regel gefunden! Ergänze sie:

Wenn die erste Silbe ___ ist, wird der Konsonant nicht verdoppelt.

Wenn die erste Silbe ___ ist, wird der Konsonant verdoppelt.

20 *a) Entscheide: einfacher oder doppelter Konsonant? Schließe die Lücke.*

b oder bb?	ne___en	der Ne___el	die Rü___e	wa___eln	der Kna___e
d oder dd?	der Wi___er	wie___er	das Le___er		
f oder ff?	der Lö___el	die Wa___el	schla___en	die Karto___el	
k oder ck?	das La___en	der Bä___er	die Lu___e	die Lü___e	
l oder ll?	die Gü___e	li___a	der Pu___i	die Wo___e	
m oder mm?	der So___er	der Na___e	der Du___e	su___en	
n oder nn?	ne___en	ke___en	we___ig	die Wa___ne	
p oder pp?	die Pu___e	hu___en	die Lu___e	der Te___ich	die Su___e
z oder tz?	rei___en	die Hi___e	die Wi___e	die Pfü___e	

Aufgepasst: Auch ck und tz sind doppelte Konsonanten.

b) Schwinge, um die Schreibweise zu kontrollieren.
c) Untersuche die Silbengrenze. Welche Buchstaben treffen dort aufeinander?
*d) Ergänze die **Regel 1**:*

Wenn die erste Silbe offen ist, treffen sich an der Silbengrenze ein ___ und ein ___. Wenn die erste Silbe geschlossen ist, treffen sich an der Silbengrenze zwei ___.

Es gibt eine weitere wichtige Regel für die Konsonantenverdoppelung.
Sicher wirst du auch diese selbst herausfinden.

21 *Warum haben die Wörter im Kasten 1 einen doppelten Konsonanten, die Wörter im Kasten 2 aber nicht?*

Kasten 1		Kasten 2	
hal|len	die Wolle	hal|ten	die Weste
der Sommer	rennen	die Pumpe	der Winter
die Hummel	das Wasser	hopsen	die Rente

22 *a) Schwinge die Wörter.*
b) Untersuche die Silbengrenze. Suche Gemeinsamkeiten und Unterschiede.

Gemeinsamkeit: Bei allen Wörtern ist die erste Silbe ______________________.

Unterschied: Bei den Wörtern in Kasten 1 treffen sich an der Silbengrenze zwei ______________________ Konsonanten,

bei den Wörtern in Kasten 2 stehen dagegen zwei ______________________ Konsonanten.

*c) Ergänze **Regel 2**:*

Ist die erste Silbe geschlossen, stehen an der Silbengrenze ______________________ Konsonanten.

Das sind entweder zwei ______________________ oder zwei ______________________.

Das kann man beim Schwingen gut hören.

23 *Erprobe die Regel.*
a) Schwinge die Wörter.
b) Untersuche sie an der Silbengrenze.

die Bänder der Essig die Blöcke der Vater die Mutter der Bruder

der Onkel die Tante die Eltern die Schule die Schrulle die Murmel

der Monat wissen die Küste der Schimmer heiter das Wetter

die Welten winseln die Pilze die Pille die Seife die Puste

das Tempo die Münze qualmen die Qualle der Garten der Gatte

die Schwester der Pinsel

c) Lege in deinem Heft eine Tabelle nach diesem Muster an. Ordne die Wörter dort ein.

Erste Silbe offen	Erste Silbe geschlossen, zwei verschiedene Konsonanten	Erste Silbe geschlossen, Doppelkonsonanten
...	...	...

Wobei das Schwingen hilft

24 *Lies das folgende Gedicht laut. Beobachte, wo du Probleme beim Lesen hast.* ◯

Dieter Brembs

Das Drachenabeceh

Akumander,
Blomotram,
Claculac
und Daschitil
fraßen oft
und fraßen viel,
Echogröl
und Famofax
lutschten gern
auch Bienenwachs.
Gnoloton, Hydraulolux
sind die zwei
mit Riesenwuchs.
Imipril
und Jodelschodel,
Knastor
und auch Lummerlatt
werden montags
selten satt,
Muckschluck,
Nasch und Oxoho
hatten einen grünen Po.
Plumulum
und Quülliwamm
planschten
sonntags gern
im Schlamm.
Rätscheltätschel
und Schulu
schauten dabei
lieber zu.
Töckmöck,
Umpf
und Valotrom,
Wammelwusch
und Xacholon
gaben von sich
manchen Ton,
Ysoprül
und Zammelzot
stellten sich auch
gerne tot.

Das ist eine Aufgabe für richtige Knabberer! Nimm dir Zeit und halte durch – du wirst sehen, es lohnt sich!

Lies zuerst den ganzen Text. Merke dir dann einzelne Wortgruppen und schreibe sie auf.

25 *Prüfe, ob das Schwingen dir hilft. Gehe so vor:*

a) Zeichne die Silbenbögen und sprich dabei mit. ◯

b) Schreibe das Gedicht ab, sprich dabei in Silben mit. Schreibe in dein Heft. ◯

c) Kontrolliere, indem du die Silbenbögen zeichnest und dabei mitsprichst. ◯

d) Korrigiere deine Fehlerwörter, sprich auch dabei mit. ◯

26 *Überlege, wobei dir das Schwingen hilft. Kreuze an:* ◯

Schwingen hilft beim ☐ Lesen, ☐ Abschreiben, ☐ Fehler finden, ☐ Korrigieren.

Strategie 2: Ableiten

Manchmal werden Vokale gleich oder ähnlich gesprochen,
aber verschieden geschrieben.

1 *a) Lies die folgenden Wörter. Markiere die Vokale der ersten Silbe mit kleinen* 👑.

meckern   der Wecker   die Decke   der Bäcker   die Dächer   lächerlich

b) Ergänze:

Die Vokale ___ und ___ kann man leicht verwechseln.

So kannst du herausfinden, ob du ein ä oder ein e schreiben musst:
Wenn es ein verwandtes Wort mit a gibt, schreibt man ä.

Ableiten ist ganz einfach: Es gilt nur für zwei Vokale: a und au! Zeichne einen ⚡ über den Buchstaben, den du prüfen willst. Ihn musst du ableiten, sonst nichts.

2 *Probiere aus, welches verwandte Wort mit* a *du findest.*

l?cherlich – verwandt mit ______________________, also l___cherlich

der B?cker – verwandt mit ______________________, also der B___cker

die D?cher – verwandt mit ______________________, also die D___cher

3 *a) Auch in Doppellauten kann ein* ä *oder ein* e *auftreten:* äu *oder* eu.
Dann entsteht beim Schreiben dieselbe Unsicherheit. Setze ein 👑 *über die Doppellaute.*

die Leute   die Beute   die Meute   läuten   die Zäune   die Mäuse

b) Ergänze:

Man schreibt äu, wenn man ein verwandtes Wort mit ___ findet.

l?ten – verwandt mit ______________________, also l___ten

Z?ne – verwandt mit ______________________, also Z___ne

M?se – verwandt mit ______________________, also M___se

4 *a) Entscheide, wie folgende Wörter geschrieben werden. Fülle die Lücken.*

g___hnen   der G___rtner   tr___men   die G___nse   t___schen

die Tr___ne   m___chtig   das Geb___de   die D___mme   die K___lte

b) Für zwei Wörter findest du keine Verwandten mit a *oder* au.

Die Schreibweise dieser Wörter musst du dir merken. Es sind ______________________ ...

Strategie 3: Verlängern

Manche Wörter sind zu kurz zum Schwingen.
Um sie richtig zu schreiben, musst du sie verlängern.

1 *Die Laute* g, b *und* d *werden nicht an allen Stellen im Wort gleich gesprochen.*
a) Lass dir die folgenden Wörter diktieren.
b) Markiere die Stelle, an der man unsicher sein kann.

der Hieb ______	der Berg ______	das Rad ______
der Stab ______	der Tag ______	der Wald ______

2 *a) Vermutlich sprichst du nicht alle Laute so, wie du sie schreibst? Sprich die Wörter laut und ergänze:*

b spricht man auch wie ______ .	g spricht man auch wie ______ .	d spricht man auch wie ______ .

b) Prüfe, wie viele Silben die Wörter oben haben.

Sie haben ______ Silbe.

Beim Verlängern rückt das Wortende wieder an eine **Silbengrenze**.

c) Untersuche, an welcher Stelle im Wort sich das Problem befindet.

Es ist das ______ des Wortes. Setze das ↪ darüber.

Hänge an Wörter, die nur eine Silbe haben, eine Silbe an.

Dann kannst du das Wort schwingen: der Hie**b** – die Hie**be**.

d) Verlängere die Wörter in Aufgabe 1.

Manche Wörter sind zu kurz zum Schwingen, obwohl sie zwei Silben haben.

3 *a) Schwinge die folgenden Wörter.*
b) Markiere die Stelle, an der man unsicher sein kann mit einem ↪ *.*

der Anschub ______	der Antrag ______	der Abend ______
das Eigelb ______	der Erfolg ______	der Verband ______

c) Ergänze deine Beobachtungen:

Die Problemstelle befindet sich am ______ .

Auch hier muss man ______ .

4 *Verlängere diese Wörter. Schreibe in dein Heft.*

klug   rund   der Korb   das Kind   der Zug   trüb   das Land   der Mond

der Sand   der Strand   wild   der Anzug   die Wand   gesund   kräftig   taub

5 *Auch beim Schreiben dieser Wörter hilft das Verlängern.*
a) Lass dir die folgenden Wörter diktieren.
b) Markiere, wo man unsicher sein kann.

der Ball ___	der Schwamm ___	der Zoll ___
krumm ___	schnell ___	dünn ___
der Kamm ___	der Fall ___	das Fass ___

c) Ergänze:

Unsicher ist man am ___ des Wortes. Man hört nicht genau, wie viele ___ hier stehen. Sicherheit gibt das ___.

d) Notiere für die Wörter oben eine Verlängerung und schwinge sie zur Kontrolle.

6 *a) Schwinge die folgenden Wörter.*
b) Lasse sie dir diktieren. Markiere die Stellen, an denen man beim Schreiben unsicher sein kann.

der Gewinn ___	das Gebrumm ___	das Gestell ___
der Genuss ___	der Anpfiff ___	der Schneeball ___
das Programm ___	der Baumstamm ___	der Abdruck ___

c) Ergänze deine Beobachtungen:

Die Problemstelle ist am ___ des Wortes. Man hört nicht genau, wie viele ___ hier stehen. Sicherheit gibt das ___.

7 *Untersuche die folgenden Wörter. Gehe dabei so vor:*
- ☐ *Lasse sie dir diktieren. Zeichne zur Kontrolle Silbenbögen.*
- ☐ *Prüfe, wo du weitere Rechtschreibtipps anwenden musst.*
- ☐ *Setze die Zeichen für Ableiten und Verlängern genau auf die Stelle im Wort.*

Merke dir:
Verlängern hilft bei kurzen Wörtern und unklaren Lauten am Schluss.

der Elefant die Ananastorte plündern wärmen das Fell schwitzen

gemütlich die Melone die Leber schwärmen der Kugelschreiber die Gesänge

prächtig der Brand mächtig der Zufall die Ameise die Kartoffel der Beifall schrill

8 *Zeichne eine Tabelle nach folgendem Muster in dein Heft. Ordne die Wörter aus Aufgabe 7 passend ein.*

Wörter, die man schwingt	Wörter, die man zusätzlich verlängert	Wörter, die man zusätzlich ableitet
…	…	…

Manche Wörter sind zu lang zum Schwingen.

Strategie 4: Zerlegen

1 *Schwinge die folgenden Wörter.*

Gruppe 1	Gruppe 2	Gruppe 3
Elefantentanten	Waldbrand	Brennballspiel
Sekundenkleber	Strandbadeintritt	Brennstoff
Abenteuerreise	Klebreisreste	Schnelllauf

b) Unterstreiche die Laute, bei denen man beim Schreiben unsicher sein kann.

Fasse zusammen: Wörter, die Problemstellen haben, befinden sich in Gruppe ___ und Gruppe ___.

c) Erkläre mit eigenen Worten, warum man hier unsicher sein kann:

____

____

2 *Diese Wörter sind zusammengesetzt. Um ihre Schreibweise zu erklären, müssen sie zerlegt werden. Das geht so:*

Elefanten | tanten – *Alles klar – du findest keine Problemstelle.*

Wald | brand – *Schon schwieriger. Hier findest du zwei Problemstellen:*

zwei Einsilber (kurze Wörter) mit unklaren Schlusslauten.

Du weißt jetzt: Beim Schreiben von Schlusslauten hilft dir hier das ______________________.

also: der Wald – die Wälder   der Brand – die Brände

Untersuche auf diese Weise auch die anderen Wörter in Gruppe 2. Schreibe in dein Heft.

3 *Für das Zerlegen muss man ein Detektiv sein. Gehe so vor:*

- ☐ *Ziehe die Trennstriche zwischen den einzelnen Wörtern. Beginne hinten. Für die Bedeutung ist das letzte Wort besonders wichtig.*
- ☐ *Schwinge die Wörter und zeichne die Silbenbögen.*
- ☐ *Suche Einsilber, die du verlängern musst. Setze das Strategiezeichen.*

Augen | blick

Merke: Beim **Zerlegen** markiert man die Grenze zwischen den Wörtern. Dadurch findet man **versteckte Verlängerungsstellen:** Einsilber und unklare Auslaute.

Schubkarre   Wüstenrennmaus   Mundharmonika

Schlammschlacht   Schuhbandmaterial   Wandgemälde   Handschuhfach

Hefeteigkuchen   Wandbehang   Bergrundwanderweg   Brennball

Geduldsprobe   Sommerwind   Klappradlenker   Blinddarm

4 *Auch die folgenden Wörter sind zusammengesetzt. Sie haben besondere Bausteine, zum Beispiel:*

Vorsilben und Nachsilben: Ver | lassen | heit, er | kenn | bar.

Wenn du sie fortstreichst, bleibt oft nur eine Silbe.

Einsilber (kurze Wörter) muss man ______________________,

um den Laut am ______________________ der Silbe richtig zu schreiben.

die (Ver) | pack | (ung) → packen

die (An) | samm | (lung) → sammeln

schreck | (lich) → der Schrecken

(ver) | liebt → lieben, die Liebe

5 *Übe das Zerlegen an den folgenden Wörtern. Gehe dabei so vor:*
- ☐ *Umkreise die Bausteine (Vorsilben und Nachsilben).*
- ☐ *Schwinge das Wort. Was stellst du fest?*
- ☐ *Verlängere, wo es notwendig ist.*

die Herr | (schaft) – die Herren

der Händler – ______________________

die Versammlung – ______________________

unfreundlich – ______________________

verwundbar – ______________________

die Kundschaft – ______________________

6 *Bei einigen Wörtern kannst du an zwei Stellen verlängern.*
a) Ziehe Trennstriche und setze Zeichen auf die Verlängerungsstellen.
b) Schreibe die Verlängerungswörter auf. Unterstreiche darin die nun klareren Laute.

schreck | (lich) = der Schrecken und schrecklicher

lieblich = ______________________

pfiffig = ______________________

dümmlich = ______________________

witzig = ______________________

Verben, die in einer Personalform stehen, kannst du **verlängern**, indem du sie in die Grundform (Infinitiv) setzt.

7 *Schwinge und verlängere, wie im Beispiel gezeigt.*

verliebt – verlieben

zerdrückt – ______________________

verbeugt – ______________________

bekommt – ______________________

8 *Schwinge den Text. Prüfe, wo du weitere Strategien anwenden musst. Setze die Strategiezeichen an die entsprechenden Stellen.*

Friedrich Güll

Dreiunddreißig Rätsel

Wer von euch ist klug und fleißig?
Dreiunddreißig Rätsel weiß ich.
Spitzt das Ohr und spitzt die Feder,
Und nun schreib sich auf ein jeder:

Welche Uhr hat keine Räder,
Welcher Schuh ist nicht von Leder,
Welcher Stock hat keine Zwinge,
Welche Schere keine Klinge?

Welches Fass hat keinen Reif,
Welches Pferd hat keinen Schweif,
Welches Häuschen hat kein Dach,
Welche Mühle keinen Bach?

Welcher Hahn hat keinen Kamm,
Welcher Fluss hat keinen Damm,
Welcher Bock hat keine Haut,
Welches Glöckchen keinen Laut?

Welcher Kamm ist nicht von Bein,
Welche Wand ist nicht von Stein,
Welche Kuh hat gar kein Horn,
Welche Rose keinen Dorn?

Welcher Busch hat keinen Zweig,
Welcher König hat kein Reich,
Welcher Mann hat kein Gehör,
Welcher Schütze kein Gewehr?

Welcher Schlüssel sperrt kein Schloss,
Welchen Karren zieht kein Ross,
Welches Futter frisst kein Gaul,
Welche Katze hat kein Maul?

Welcher Bauer pflügt kein Feld,
Welcher Spieler verliert kein Geld,
Welcher Knecht hat keinen Lohn,
Welcher Baum hat keine Kron'?

Welcher Fuß hat keine Zeh',
Welcher Streich tut keinem weh,
Welcher Wurf und Stoß und Schlag?
Rat nun, wer da kann und mag!

9 *a) Lass dir den Text diktieren. Schreibe in dein Heft.*
b) Schwinge den Text in deinem Heft zur Kontrolle.
c) Unterstreiche alle Wörter blau, die du verlängern kannst, um sie richtig zu schreiben.
d) Unterstreiche alle Wörter grün, die du ableiten kannst, um sie richtig zu schreiben.
e) Markiere die Wörter, die du zerlegen musstest, gelb.
f) Einige Wörter werden mit h nach langem Vokal geschrieben. Schreibe sie heraus. Du musst sie dir merken.

Autoren- und Quellenverzeichnis

S. 5: GANSLOSSER, UDO: Zur Familie der Großbären ... Aus: WAS IST WAS, Band 115, Bären. Tessloff Verlag, Nürnberg 2003, S. 8–10; **S. 6:** MALLWITZ JOACHIM: Der Eisbär ist das größte ... Aus: WAS IST WAS, Band 36, Polargebiete. Tessloff Verlag, Nürnberg 1999, S. 5, 42; **S. 9:** MALLWITZ, JOACHIM Trächtige Eisbärinnen ..., Im Frühjahr macht sie mit den Kleinen ... Aus: WAS IST WAS, Band 36, Polargebiete, S. 43; **S. 9:** GANSLOSSER, UDO: Nach der Geburt ... Aus: WAS IST WAS, Band 115, Bären, S. 24; **S. 12:** SÖRLLE, STEINAR: Die Nacht, als keiner schlief. Aus: Die Nacht, als keiner schlief Übers. Lothar Schneider. dtv, München 2006, S. 8 f.; **S. 14:** SÖRLLE, STEINAR: Ein eisiger Wind fegte ... Aus: Die Nacht, als keiner schlief, S. 12; **S. 16** SÖRLLE, STEINAR: Die Eltern standen unten ... Aus: Die Nacht, als keiner schlief, S. 21 f.; **S. 17:** SÖRLLE, STEINAR: Leif und Tine waren wieder ... Aus Die Nacht, als keiner schlief, S. 81; **S. 41:** BREMBS, DIETER: Das Drachenabeceh. Aus: Hans-Joachim Gelberg (Hg.): Überall und neben dir. Gedichte für Kinder. Beltz & Gelberg, Weinheim und Basel 1986, S. 96; **S. 47:** GÜLL, FRIEDRICH: Dreiunddreißig Rätsel. Aus: Gedichte für Kinder. Ausgewähl von Günter Stolzenberger. Insel Verlag, Frankfurt/M. 2004, S. 54 f.

Die Verwendung der Rechtschreib-Strategiezeichen erfolgt mit freundlicher Genehmigung von Günter J. Renk.

Bildquellenverzeichnis

S. 4: © Thorsten Milse, www.wildlifephotography.de; **S. 5 rechts und links, S. 6:** Illustrationen aus WAS IST WAS, Band 115, Bären. Tessloff Verlag Nürnberg; **S. 6, 32:** Fotos: picture-alliance/dpa, Frankfurt/M.; **S. 9:** Illustration aus WAS IST WAS, Band 115, Bären. Tessloff Verlag, Nürnberg; **S. 12** Cover von: Steinar Sörlle: Die Nacht, als keiner schlief. © für das Umschlagbild von Hubertus Stadtmüller: 1998 Deutscher Taschenbuch Verlag München; **S. 29–31:** corel library

Impressum

Redaktion: lüra – Klemt & Mues GbR, Wuppertal

Illustrationen: Christiane Pieper, Wuppertal
Umschlaggestaltung: Katrin Nehm (Illustration: Christiane Pieper)
Layoutkonzept: Katharina Wolff
Gestaltung und technische Umsetzung: Anna-Maria Klages, Wuppertal

www.cornelsen.de

1. Auflage, 2. Druck 2008

Druck: Druckhaus Berlin-Mitte

ISBN 978-3-06-060967-3

Inhalt gedruckt auf säurefreiem Papier aus nachhaltiger Forstwirtschaft.

Deutschbuch

Förderheft

Lösungen

Benutze zum Überprüfen der Lösungen deine Lesefolie (siehe Seite 5 im Heft).

5

Seite 4

1

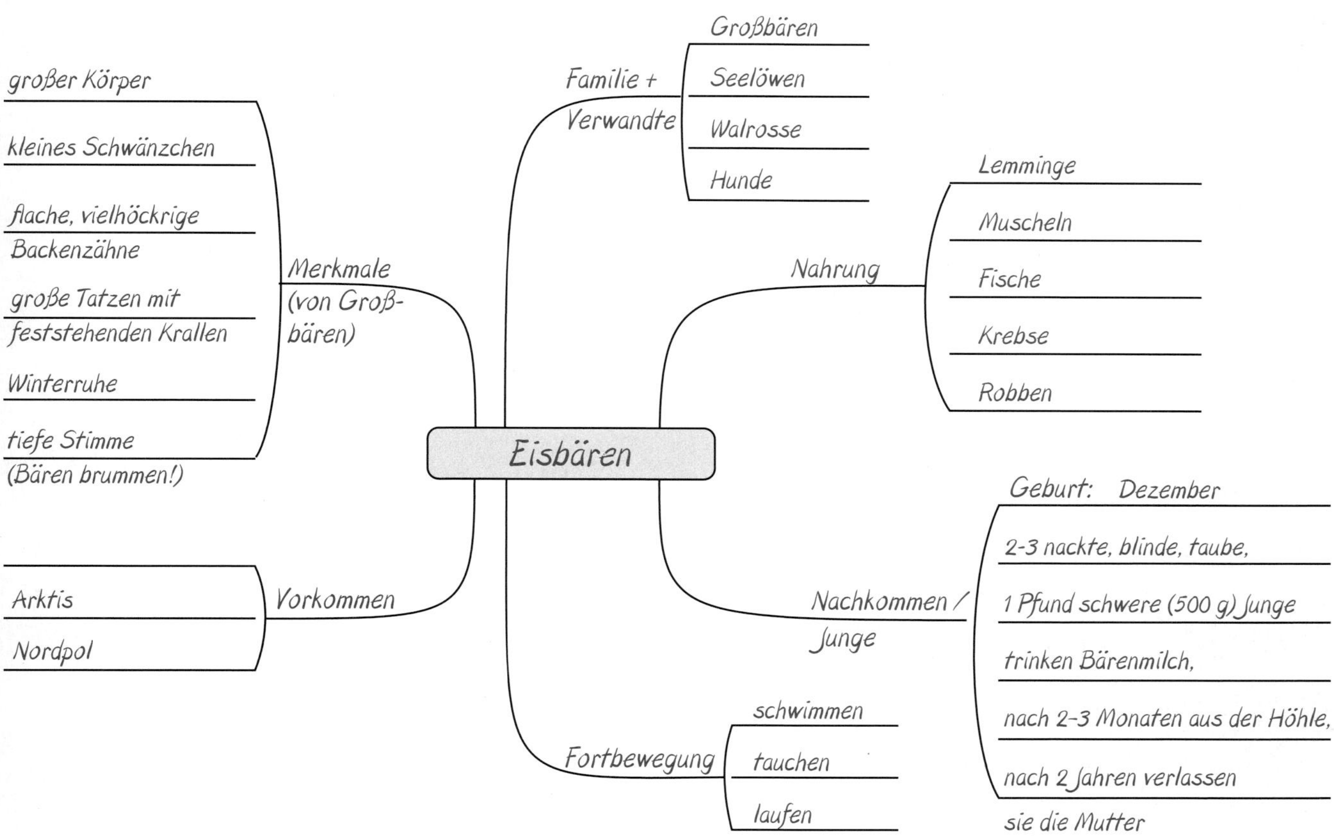

Seite 5

3 a) Im Text geht es um Großbären.

b) ☒ Familie und Verwandte der Großbären
☒ Merkmale der Großbären
☒ Vorkommen der Braunbären

4

Merkmale von Großbären:

- großer Körper
- kleines Schwänzchen
- flache, vielhöckrige Backenzähne
- große Tatzen mit feststehenden Krallen
- Winterruher
- Stimme

5 *Die ergänzten Informationen findest du in der Lösung zu Aufgabe 1 von Seite 4.*

Seite 6

7 Im Text geht es um Eisbären.

8 Bild A bezieht sich auf das Wort „Arktis“ im **1**. Abschnitt.
Bild B bezieht sich auf das Wort „Lemminge“ im 2. Abschnitt.
Bild C bezieht sich auf die Wörter „angepirscht“ und „Atemloch auftauchen“ im 2. Abschnitt.
Bild D bezieht sich auf die Wörter „Blitzschnell“ und „Pranke“ im 2. Abschnitt.
Bild E bezieht sich auf das Wort „Eisschollen“ im 3. Abschnitt.

Seite 7

9 nahrungsarm (Zeile **6**): <u>wenig Nahrung steht zur Verfügung</u>
beschleichen (Zeile 9): <u>an etwas heranschleichen, verfolgen</u>
blitzschnell (Zeile 14): <u>überraschend schnell</u>

10 a)

Wort	**Bedeutung**
Pranke	Land- und Meeresgebiete um den Nordpol
verschmähen	größeres, schwimmendes Stück Eis
anpirschen	ablehnen; nicht annehmen
Eisscholle	heranschleichen
Arktis	große Tatze

b) <u>A</u> B C <u>D</u> E F G H <u>I</u> J <u>K</u> L <u>M</u> N O <u>P</u> Q R <u>S</u> T U V <u>W</u> X Y <u>Z</u>

11

Eisbär	1. Eis**b**är	Arktis	1. A**b**tauchen
Eisscholle	2. Eis**d**ecke	Atemloch	2. A**r**ktis
Eisdecke	3. Eis**s**cholle	Abtauchen	3. A**t**emloch

Seite 8

12 a) – c)
Jagd | ausflug: Jagd = ein Lebewesen verfolgen und fangen oder töten;
Ausflug = Reise, Ausgang, Unternehmen
Bedeutung im Text: eine Unternehmung, auf der gejagt wird

Spül | saum: spülen = waschen, schwemmen; Saum = Besatz, Rand, Kante
Bedeutung im Text: der Wasserrand, an dem Tiere angespült werden

Atem | loch: Atem = Luft; Loch = Öffnung
Bedeutung im Text: Öffnung zum Luftholen

13 a)

Wer steht im Mittelpunkt des Textes?	der Eisbär
Was ist der Eisbär?	das größte und gefährlichste Tier der Arktis
Wo leben Eisbären?	in der Arktis
Was fressen Eisbären?	Lemminge, Muscheln, Fische, Krebse, Robben

b) *Mögliche weitere W-Fragen und Antworten:*

Wie schwer können Eisbären werden?	bis zu einer Tonne
Was haben Eisbären entwickelt, um zu überleben?	vielseitige Jagdtechniken
Wie erlegen Eisbären Robben?	Sie schlagen blitzschnell mit ihren großen Pranken zu, wenn die Robben zu ihrem Atemloch auftauchen.
Wann ziehen Eisbären in den Süden?	im Winter
Was ist den Eisbären am liebsten?	eine Mischung aus festem Eis, Schollen und offenem Wasser
Wie schnell können Eisbären laufen?	bis zu 40 Stundenkilometer schnell
Wie viele Kilometer können Eisbären an einem Tag zurücklegen?	70 Kilometer und mehr

14 **1**. Abschnitt: Vorkommen
2. Abschnitt: Nahrung
3. Abschnitt: Fortbewegung

15 *Die ergänzten Informationen findest du in der Lösung zu Aufgabe 1 von Seite 4.*

Seite 9

17 a) Die energiereiche Milch lässt die Eisbärenjungen schnell wachsen. Die Milch trägt dazu bei, dass die Körper der Jungen warm bleiben.

b) und: in Zeile 6 und 7
deshalb: in Zeile 11
wenn: in Zeile 18
oder: in Zeile 14
sondern: in Zeile 16 und 21Seite 10

18 b) trächtig (Zeile 2): schwangeres Tier
Wurfgebiete (Zeile 3): Ort, wo die Eisbären ihre Jungen zur Welt bringen
gehaltvoll (Zeile 12): nahrhaft

19 *Mögliche W-Fragen und Antworten:*

Wann ziehen sich trächtige Eisbärinnen zurück?	im November
Wohin ziehen sich trächtige Eisbärinnen zurück?	in ihre Wurfgebiete
Wo werfen Eisbärinnen?	In Wurfgebieten, Geburtshöhlen
Was graben Bärenmütter in den Schnee?	Geburtshöhlen
Wann werfen Eisbärinnen?	im Dezember
Wie viele Junge bringen Eisbärinnen zur Welt?	zwei bis drei Junge
Wie sehen die Jungen nach der Geburt aus?	nackt
Wie viel wiegen die Jungen nach der Geburt?	knapp ein Pfund
Womit werden die Jungen ernährt?	mit Bärenmilch
Wann verlassen die Jungen erstmals die Höhle?	nach zwei bis drei Monaten
Was nimmt die Eisbärin in dieser Zeit zu sich?	keine Nahrung
Wann macht die Bärin mit ihren Jungen die ersten Ausflüge?	im Frühjahr
Wie lange bleiben die Jungen bei der Mutter?	zwei Jahre
Was bringt die Bärin ihren Jungen bei?	alles, was ein erwachsener Eisbär wissen muss

20 es sind zwei bis drei Junge, sie sind bei der Geburt nackt, blind und taub

21 *Siehe die Lösung zu Aufgabe 19.*

Seite 11

22

Geburt	Nahrung	Großwerden
Dezember Wurfgebiete Geburtshöhle trächtig nackte, blinde, taube Junge knapp ein Pfund	Bärenmilch gehaltvoll 50 Prozent Fettgehalt wenig Zucker viel Energie	schnelles Wachstum Wärme zwei bis drei Monaten Höhle verlassen mehrere Kilogramm schwer Frühjahr erste Ausflüge

23 1. Abschnitt: Die Geburt der Eisbären
2. Abschnitt: Nahrung der Bärenjungen
3. Abschnitt: Erste Ausflüge

24 *Die ergänzten Informationen findest du in der Lösung zu Aufgabe 1 von Seite 4.*

25 *Mögliche Zusammenfassungen:*

In dem Text „Der Eisbär ist ein Großbär" (Seite 5) geht es um Großbären. Ihre Merkmale sind: große Körper, kleine Schwänzchen, flache, vielhöckrige Backenzähne, große Tatzen mit feststehenden Krallen, Winterruhe und eine tiefe Stimme. Seelöwen, Walrosse und Hunde sind mit ihnen verwandt. Sie alle gehören zu den Raubtieren. Der bekannteste Großbär ist der Braunbär.

In dem Text „Der Eisbär – der größte und schwerste unter den Bären" (Seite 6) geht es um Eisbären. Ihr Lebensraum ist die Arktis. Ihre Nahrung besteht aus Lemmingen, Muscheln, Fischen, Krebsen und Robben. Sie bewegen sich durch Schwimmen, Tauchen und Laufen fort.

In dem dritten Text auf Seite 9 geht es um die Eisbärenjungen. Sie kommen im Dezember in einer Geburtshöhle zur Welt. Bei der Geburt sind sie nackt, blind und taub und wiegen nur 500 Gramm. Sie trinken Bärenmilch, die bis zu 50 Prozent Fett enthält. Im Frühjahr machen sie die ersten Ausflüge. Sie bleiben zwei Jahre bei ihrer Mutter.

Seite 12

1 b) *Mögliche Antwort:*

Auf dem Titelbild sind drei Kinder zu sehen, zwei Jungen und ein Mädchen. Sie befinden sich auf einer Eisscholle, die in schwarzem Wasser treibt. Ein Junge mit kurzen blonden Haaren hebt die Arme und schwenkt seinen Schal. Vor seinen Füßen liegt eine Tasche. Links neben ihm sitzt ein Mädchen auf einem Schlitten. Es hat einen blonden Pferdeschwanz und vergräbt das Gesicht in den Händen. Hinter dem Mädchen steht ein dunkelhaariger Junge mit einer Pudelmütze. Er trägt Handschuhe und hält die rechte Hand an seinen Mund. Er scheint etwas zu rufen. Die Kinder wirken sehr aufgeregt. Im Hintergrund sind Berge zu sehen. Der Himmel ist dunkel. Es schneit.

c) *Mögliche Antwort:*

In dem Buch könnte es darum gehen, dass drei Kinder auf eine Eisscholle geraten und vom Ufer wegtreiben. Sie versuchen, die Menschen am Ufer auf sich aufmerksam zu machen. Der Titel weist vielleicht darauf hin, dass die Kinder die ganze Nacht auf dem Wasser verbringen müssen.

Seite 13

3 a)
1 Die drei Kinder heißen Tine, Leif und Knut. (G)
2 Sie befinden sich auf dem Eis. (E)
3 Sie fangen Fische. (F)
4 Leif rennt um die Wette mit dem dunklen Wasser. (A)
5 Tine sieht, wie Knut die Angelschnur herauszieht. (H)
6 Tine mag Leif. (R)

b) Tine, Leif und Knut sind in | G | E | F | A | H | R |.

4
[4] Leif rennt vor dem Wasser auf seiner Eisscholle davon.
[5] die drei Kinder stehen weit vom Ufer entfernt auf der Eisfläche.
[3] Knut sieht Wasser aus seinem Eisloch treten.
[2] Tine beobachtet ihren Bruder Knut beim Angeln.
[1] Leif fängt im Eisloch einen Fisch.

5 Tine: Schwester von Knut; sitzt auf dem Schlitten, denkt über Leif nach; findet es nicht gut, dass sich Leif immer aufspielt, dass er angibt; sie mag Leif; beobachtet ihren Bruder beim Angeln; hat Angst um Leif, der plötzlich um sein Leben rennen muss

Leif: freut sich über seinen Fang; er brüllt, schreit, tanzt; er fordert die anderen auf, zu ihm zu kommen; er muss am Ende um sein Leben rennen, weil sich auf der Schneeschicht Wasser ausbreitet

Knut: Bruder von Tine; hat Angst, er sieht, dass sich das Wasser ausbreitet; will seine Angst wegen Leif nicht zugeben

6 *Mögliche Antwort:*

Am Anfang

Warum kommen die beiden nicht hierher?
Hier gibt es genügend Fische.
Knut ist ein Angsthase.

Am Schluss

Hoffentlich schaffe ich es.
Meine Knie zittern,
ich habe solche Angst.

Seite 14

7 a) + b)

Eine schwarze Zunge, die gierig über das Eis tastete. Zeile: 22–23
Mögliche Erklärung: Das Wasser sieht schwarz aus und hat die Form einer Zunge.
Es breitet sich schnell auf dem Eis aus.

Die Leif trockenes Eis erreichen ließ, um ihn dann mit einem raschen Schlecken wieder einzuholen.
Zeile: 23–24
Mögliche Erklärung: Das Wasser steigt nicht weiter, sodass Leif trockenes Eis erreichen kann.
Aber dann kommt es schnell wieder.

Seite 15

9

Das Eis bricht, die Kinder treiben ab. → Die Kinder sind verzweifelt, weinen und schreien. → Die Eisscholle treibt weiter ab. Knut verstummt. → Knut macht sich Vorwürfe. →

10

Nomen (Hauptwörter)	Verben (Tätigkeitswörter)	beschreibende Wörter (Adjektive und Partizipien)
Wind, Knall, Blitz, Böen, Unfassbare	fegte, schrien, heulten, weinten, sprangen auf, fuchtelten, schluchzte, starrte	eisiger, kalt, dunkel, stumm, bleich, winterfest eingepackt, festgefroren

11 *Tipp: Wenn du solche Ankreuzaufgaben nicht gut beantworten kannst, helfen dir die Schlüsselwörter:*
1. *Unterstreiche die Schlüsselwörter in der Ankreuzaufgabe.*
2. *Suche diese Schlüsselwörter im Lesetext. Dort findest du die gesuchten Informationen.*

	richtig	falsch
Das Eis bricht.	☒	☐
Die Kinder treiben ans Ufer.	☐	☒
Am Strand sind Menschen zu erkennen.	☐	☒
Der Strand ist menschenleer.	☒	☐
Die Boote sind verpackt.	☒	☐

Seite 16

13 *Tipp: Um die Bedeutung eines Wortes zu klären, kannst du es* ***erschließen*** *oder* ***nachschlagen*** *(das erklärt Eichhörnchen auf Seite 7). Lange Wörter musst du* ***zerlegen*** *(siehe Seite 8).*

Fjord: weit ins Festland reichender, schmaler Meeresarm
abrupt: plötzlich und unvermittelt
Steg: Brücke
schnurgerade: gerade wie ein Band / eine Schnur
stutzen: überrascht sein, Verdacht schöpfen

14 Es ist der Vater.

15

Warum bekommt der Vater einen <u>Schrecken</u>?	Der Vater sieht Fußspuren von drei Kindern auf dem Eis.
Wie versucht sich der Vater zu <u>beruhigen</u>?	Der Vater erkennt, dass die Kinder in Gefahr sind.
Warum <u>stutzt</u> der Vater plötzlich?	Der Vater stellt fest, dass das Eis aufbricht.
Wohin führt die <u>Spur</u>?	Der Vater erinnert sich, dass die Kinder vernünftig sind.
Was erkennt der Vater schließlich?	Die Spur der Kinder führt auf den Fjord hinaus.

Seite 17

16 <u>ihm</u> (Zeile 10) bezieht sich auf Knut; <u>Sie</u> (Zeile 14) bezieht sich auf die beiden (das Mädchen und den Jungen auf dem Bild);
<u>ihnen</u> (Zeile 19) bezieht sich auf Leif und Tine; <u>ihn</u> (Zeile 19) bezieht sich auf Knut; <u>er</u> (Zeile 21) bezieht sich auf Knut

17 a) *Mögliche Antwort:*
Schnee schmilzt, warmes Wetter, Blumen fangen an zu blühen, Narzissen, Osterglocken, Ostern, Maiglöckchen, die Natur erwacht, Tiere erwachen aus dem Winterschlaf, Vögel bauen Nester, Zugvögel kommen zurück, Sonnenschein, gute Laune, fröhliche Menschen

b) wuchsen Blumen, schimmerndes Licht, Blumen, glänzten, Frühlingslicht, Frühling, Gefühl von Frühling

c) *Mögliche Erklärung:*
Knut erkennt erst jetzt, dass zwischen Tine und Leif etwas Neues entsteht. Wie im Frühling, wenn die Pflanzen wachsen, wächst auch zwischen den beiden etwas - ein besonderes Gefühl. Sie sind verliebt.

Seite 18

18 *Mögliche Inhaltszusammenfassung:*

In dem Buch „Die Nacht, als keiner schlief" von Steinar Sörlle geht es um drei Kinder, die auf einer Eisscholle in eine gefährliche Situation geraten. Die Geschwister Tine und Knut und ihr Freund Leif fangen im Winter auf einem vereisten Fjord Fische. Die Eisdecke bricht und die Kinder treiben auf das Meer hinaus. Sie schreien und winken, um auf sich aufmerksam zu machen, aber der Strand ist menschenleer. Als die Eltern von Tine und Knut am Ufer nach ihren Kindern suchen, entdeckt der Vater Spuren im Schnee. Sie führen auf den Fjord hinaus. Der Vater erkennt, dass die Kinder in Gefahr sind. Er leitet eine Rettungsaktion ein. Die Kinder landen inzwischen auf einer Insel und zünden ein altes Boot an, weil sie frieren. Knut beobachtet Leif und Tine und merkt, dass die beiden verliebt sind.

Checkliste:
1. Lesefolie
2. erschließen, nachschlagen, zerlegen
3. Reihenfolge
4. Fantasie, Nomen, Verben, Adjektive, Pronomen, Sinn

Seite 19

1 Mögliche Antwort:
In dieser Bildergeschichte geht es um zwei Kinder, denen ihre Eltern einen Streich spielen.

2 *Mögliche Lösung:*
Bild 1
was geschieht: Eltern verabschieden sich, wollen ins Theater, Junge und Mädchen winken
wo trägt es sich zu: im Wohnzimmer
wann läuft es ab: um sieben Uhr am Abend, an Halloween
wer ist daran beteiligt: Eltern, zwei Kinder, Junge und Mädchen

Bild 2
was geschieht: Kinder spielen Karten, Junge sieht auf die Uhr
wo trägt es sich zu: im Wohnzimmer
wann läuft es ab: um elf Uhr am Abend, an Halloween
wer ist daran beteiligt: Junge und Mädchen
wie entwickeln sich die Dinge und warum: Kinder sind zu lange aufgeblieben, weil sie über dem Kartenspiel die Zeit vergessen haben

Bild 3
was geschieht: zwei Erscheinungen tauchen draußen vor dem Fenster auf, die Kinder bekommen einen Riesenschreck
wo trägt es sich zu: im Wohnzimmer
wann läuft es ab: um Mitternacht, zur Geisterstunde, an Halloween
wer ist daran beteiligt: zwei Gespenster, Junge und Mädchen

Bild 4
was geschieht: die Eltern stehen in der Tür mit Betttüchern über den Armen, die Mutter hebt den Zeigefinger, der Vater zeigt auf die Uhr, die Kinder sitzen mit gesenkten Köpfen am Tisch
wo trägt es sich zu: im Wohnzimmer
wann läuft es ab: um kurz nach Mitternacht, an Halloween
wer ist daran beteiligt: die Eltern, Junge und Mädchen
wie entwickeln sich die Dinge und warum: die Eltern verkleiden sich als Gespenster und treiben Schabernack mit ihren Kindern, weil sich die Kinder nicht an die abgemachte Schlafenszeit halten

Seite 20

3 a) *Die Figuren könnten Folgendes sagen:*

Bild 1
Vater: „Wir gehen jetzt ins Kino. Tschüss, ihr beiden!“
Mutter: „Wollt ihr nicht noch irgendetwas zusammen spielen? Aber denkt daran: spätestens um zehn Uhr geht ihr ins Bett!“
Mädchen: „Alles klar, Mama. Viel Spaß im Kino!“
Junge: „Und um zehn liegen wir im Bett, obwohl heute Halloween ist ...“

b) Bild 2
Junge: „Schau mal, es ist schon elf Uhr ...“
Mädchen: „So spät schon? Diese Runde müssen wir aber mindestens noch zu Ende spielen! Mama und Papa kommen sowieso erst nach Mitternacht zurück.“

Bild 3
Junge: „Ahhh, was ist das denn?“
Mädchen: „Hilfe! Ich habe Angst!“

Bild 4
Vater: „Tja, Kinder, das hättet ihr nicht gedacht! Aber schließlich ist heute Halloween – und um Mitternacht ist Geisterstunde!“
Mutter: „Ja, und wenn man sich nicht an Vereinbarungen hält, wird man eben durch die Halloween-Geister erschreckt.“
Mädchen: „Es tut uns leid.“
Junge: „Wir bleiben nie wieder zu lange auf!“

4

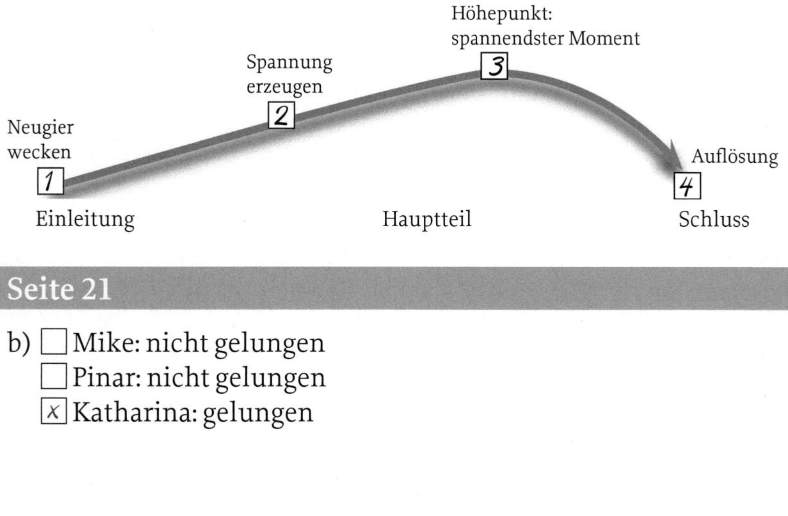

Seite 21

5 b) ☐ Mike: nicht gelungen
☐ Pinar: nicht gelungen
☒ Katharina: gelungen

6 Mikes Einleitung ist durcheinander.
Pinars Einleitung ist langweilig. (Sie nimmt den Höhepunkt vorweg.)
Katharinas Einleitung ist spannend/fesselnd.

7 *Mögliche Einleitung:*

Auf diesen Abend hatten sich Jens und Carla schon lange gefreut: Sie durften allein zu Hause bleiben, denn ihre Eltern wollten ausgehen. Die Kinder ahnten nicht, dass ihnen etwas ziemlich Gruseliges passieren würde ...

Seite 22

8 a) *Mögliche Gespräche:*

Bild 2:

Mädchen: „Diesmal gewinne ich bestimmt, du wirst schon sehen!“

Junge: „Schau mal, es ist schon elf Uhr ...“

Mädchen: „So spät schon? Diese Runde müssen wir aber mindestens noch zu Ende spielen! Mama und Papa kommen sowieso erst nach Mitternacht zurück.“

Junge: „Stimmt, und mitten im Spiel kann man nicht einfach aufhören.“

Bild 3:

Junge: „Ahhh, was ist das denn?“

Mädchen: „Hilfe, ich habe Angst!“

Junge:„Das sind ja Gespenster!“

Mädchen: „Das gibt’s doch nicht! Und wir sind ganz allein ...“

b) *Mögliche Begleitsätze:*

Bild 2:

„Diesmal gewinne ich bestimmt, du wirst schon sehen!“, rief Carla lächelnd.

Jens erwiderte mit besorgter Stimme: „Schau mal, es ist schon elf Uhr ...“

„So spät schon?“, fragte Carla erstaunt. Dann fügte sie hinzu: „Diese Runde müssen wir aber mindestens noch zu Ende spielen! Mama und Papa kommen sowieso erst nach Mitternacht zurück.“

„Stimmt, und mitten im Spiel kann man nicht einfach aufhören“, antwortete Jens grinsend.

Bild 3:

„Ahhh, was ist das denn?“, schrie Jens entsetzt.

Carla rief mit zitternder Stimme: „Hilfe, ich habe Angst!“

„Das sind ja Gespenster!“, sagte Jens fassungslos.

„Das gibt’s doch nicht!“, flüsterte Carla ängstlich. „Und wir sind ganz allein ...“

9 a) Carla sagte: „Endlich sind Mama und Papa weg“.

„Endlich“, sagte Carla, „sie sind weg.“

„Sind sie wirklich weg?“, fragte Jens.

„Ja, sie sind weg!“, rief Carla.

Seite 23

10 a) In allen vier Begleitsätzen wird das gleiche Verb verwendet.

b) Folgendes Verb wird verwendet: sagen.

11 *Mögliche Lösung:*

Carla rief: „Juchu! Mama und Papa sind im Kino. Wir sind allein."

Jens antwortete: „Ja, klasse! Ich hole die Karten, du wolltest doch Pokern lernen?"

Carla verkündete: „Sturmfreie Bude. Weißt du was? Wir gehen einfach ins Bett, wann wir Lust haben."

Jens bemerkte: „Gute Idee. Die Eltern kommen bestimmt so spät heim, dass sie nichts merken."

12 *Siehe die Lösung zu Aufgabe 8 b).*

Seite 24

13 b) *Mögliche Geschichte:*

Nachdem die Eltern gegangen waren, schlug Jens vor, Karten zu spielen. Carla fand die Idee gut.

Bald waren die beiden so vertieft, dass sie alles um sich herum vergaßen. Sie spielten eine Runde nach der anderen.

„Diesmal gewinne ich bestimmt, du wirst schon sehen!", rief Carla lächelnd. Jens warf einen Blick auf die Uhr und erwiderte mit besorgter Stimme: „Schau mal, es ist schon elf Uhr ..."

„So spät schon?", fragte Carla erstaunt. Dann fügte sie hinzu: „Diese Runde müssen wir aber mindestens noch zu Ende spielen! Mama und Papa kommen sowieso erst nach Mitternacht zurück."

„Stimmt, und mitten im Spiel kann man nicht einfach aufhören", antwortete Jens grinsend.

Die Geschwister blickten wieder in ihre Karten und spielten weiter. Sie merkten nicht, dass es später und später wurde. Plötzlich schlug die Wanduhr zwölf Mal. Geisterstunde!

„Ahhh, was ist das denn?", schrie Jens entsetzt. Er starrte zum Fenster und hob abwehrend die Hände. Carla ließ ihre Karten fallen und rief mit zitternder Stimme: „Hilfe, ich habe Angst!" Die Haare standen ihr zu Berge.

Draußen schwebten weiße, unheimlich leuchtende Gestalten durch die Dunkelheit. Sie tanzten auf und ab und schrien laut. Sie kamen immer näher und waren nun direkt vor dem Fenster ...

„Das sind ja Gespenster!", sagte Jens fassungslos.

„Das gibt's doch nicht!", flüsterte Carla ängstlich. „Und wir sind ganz allein ..."

Starr vor Schreck saßen die Kinder auf ihren Stühlen.

15 Jens war ziemlich wütend. Die kluge Carla hatte schnell Pokern gelernt und ihn überraschend besiegt. Um ihren erzürnten Bruder zu besänftigen, schlug Carla listig vor, heute einfach nicht ins warme Bett zu gehen.

Seite 25

17 b) *Mögliche Lösung:*

Jens und Carla setzten sich in das Wohnzimmer. Dann lief Jens schnell in sein Zimmer, um Karten für das Pokerspiel zu holen. Er kam wieder zu Carla zurück. Das Spiel begann endlich.

18 Es war inzwischen Mitternacht. Jens und Carla hatten nun doch ein schlechtes Gewissen. Jens mahnte: „Komm, Carla, lass uns doch ins Bett gehen." „Wieso, ist doch witzig hier!", erwiderte seine Schwester. „Uauauauauiiiii!", kreischte und jaulte es in diesem Moment. Entsetzt schauten die Kinder zum Fenster, wo die Geräusche herkamen. Sie erblickten zwei weiße, flatternde Gestalten, die von innen heraus glühten.

Die Haare standen ihnen zu Berge. „Ist denn heute schon Halloween?", quetschte Jens zwischen den Zähnen heraus. „Was ist das nur?"

19 *Mögliche Lösung:*

Plötzlich verschwanden die Lichtgestalten. Auf einmal standen die Eltern in der Haustür. Sie waren völlig unerwartet früher aus dem Kino zurückgekehrt.

Seite 26

20 *Mögliche Überarbeitung (die Veränderungen sind grau markiert):*

Jens schaute besorgt auf die Uhr. Es war 22.00 Uhr. „Eigentlich sollen wir jetzt schlafen gehen", bemerkte er. Carla erwiderte: „Och, warum? Ist doch gerade lustig jetzt. Und ich gewinne!" Draußen war es inzwischen ganz schön finster. In Wahrheit fürchtete sich Jens so spät allein zu Hause. Auf einmal sprang Carla auf. „Ich habe eine Idee!", rief sie aufgeregt. „Wir erschrecken die Eltern!" Jens zögerte. „Wie soll das gelingen?", fragte er. „Wir nehmen die Taschenlampen aus dem Küchenschrank", erklärte Carla, „und dann verstecken wir uns im Flur. Wenn sie heimkommen, springen wir sie an." Aber die Kinder fanden keine Taschenlampen.

21 *Mögliche Verbesserung:*

Plötzlich erschienen vor dem Fenster zwei helle Gestalten. Sie tanzten wild auf und ab und schrien laut. Sie verschwanden blitzartig und tauchten völlig unerwartet wieder auf. Die Kinder waren vor Schreck wie erstarrt. Sie überlegten fieberhaft, was los war. Auf einmal hatte Jens eine Idee.

Seite 27

22 *Möglicher Schluss:*

Doch da sprang auf einmal die Tür auf und ihre Eltern standen vor ihnen. Beide hatten Betttücher über den Armen, und aus der Manteltasche ihrer Mutter ragte eine Taschenlampe. Jens und Carla starrten sie mit offenem Mund an. Dann wurden sie knallrot im Gesicht. Sie waren ertappt! Lachend rief Herr Meier: „Tja, Kinder, das hättet ihr nicht gedacht! Aber schließlich ist heute Halloween – und um Mitternacht ist Geisterstunde!" Frau Meier fügte lächelnd, aber mit erhobenem Zeigefinger hinzu: „Ja, und wenn man sich nicht an Vereinbarungen hält, wird man eben durch die Halloween-Geister erschreckt." Beschämt

schauten die Kinder auf den Boden. Carla stammelte: „Es tut uns leid", und Jens stieß reumütig hervor: „Wir bleiben nie wieder zu lange auf!"
„Versprochen?", fragten die Eltern schmunzelnd.
„Versprochen!", erwiderten Jens und Carla voller Überzeugung. Herr und Frau Meier nahmen ihre Kinder in die Arme, und nun brachen auch Jens und Carla in erleichtertes Gelächter aus. „Halloween-Geister!", riefen sie kichernd. „Ihr habt uns wirklich einen Riesenschreck eingejagt! Dieses Halloween-Erlebnis werden wir nicht so schnell vergessen ..."

23 Jede der drei Überschriften, wäre geeignet.

Seite 28

24 *Mögliche Erzählung:*

Picknick mit Abenteuer

An einem Samstagnachmittag machten Herr und Frau Huber mit ihren Kindern Sophie und Dominik einen Ausflug in den Eifel-Naturpark. Nachdem sie zwei Stunden lang gewandert waren, schlug Dominik vor, eine Pause einzulegen.
„Da hinten ist eine sehr schöne Wiese", rief Sophie, „lasst uns dort picknicken!"
Sie breiteten die Decke aus. Die Mutter stellte das mitgebrachte Essen in die Mitte und alle setzten sich. Während sie leckere Brötchen aßen und den heißen Tee tranken, schauten sie sich neugierig um.
Da entdeckte Dominik plötzlich etwas. „Seht mal! Da hinten bei den Felsen!", rief er aufgeregt. „Das sieht aus wie der Eingang zu einer Höhle!"
„Ja!", stimmte Sophie begeistert ein, „jetzt erkenne ich es auch! Das müssen wir uns genauer anschauen! Dürfen wir, Mama? Papa?"
Die Eltern nickten. „Aber geht nicht so weit in die Höhle hinein", mahnte Frau Huber besorgt. „Man weiß ja nie!"
„Und nehmt meine Taschenlampe mit", warf der Vater ein und gab Sophie eine Taschenlampe.
„Gute Idee, Papa", sagte sie lächelnd und sprang auf.
Als die Kinder vor der Höhle standen, wurde ihnen doch etwas mulmig. Aus dem finsteren Inneren wehte ihnen kühle, modrig riechende Luft entgegen. Außerdem war es merkwürdig still.
„Ich weiß nicht ...", stammelte Dominik, „ich finde, wir sollten lieber wieder umkehren." Doch da kannte er seine Schwester nicht. Unerschrocken betrat Sophie die Höhle. Ihm blieb nichts anderes übrig, als ihr hinterherzutrotten. Schließlich wollte er ja nicht als Feigling gelten ...
Sophie leuchtete mit der Taschenlampe in die Höhle hinein. „Also, eigentlich habe ich mir so eine Höhlenexpedition spannender vorgestellt", sagte sie enttäuscht. „Hier ist es nur kalt und nass."
„Und es riecht so komisch", flüsterte Dominik.
„Warum flüsterst du denn? Hast du etwa Angst?", fragte Sophie laut. Ihre Frage hallte von den feuchten Wänden wider. Der Strahl der Taschenlampe zuckte über Gestein.
In diesem Moment schossen auf einmal Hunderte von schwarzen, flatternden Tieren auf die Kinder zu.
„Iiiiihhhh!", kreischte Sophie. „Hilfe! Hilfe!" Sie fuchtelte wild mit den Armen.

„Ich hab dir doch gleich gesagt, hier ist es unheimlich!“, brüllte Dominik und zog den Kopf ein. Dann rannte er so schnell er konnte aus der Höhle. Sophie folgte ihm schreiend.
„Mama! Papa! In der Höhle war es furchtbar!“, keuchte Dominik völlig außer Atem.
„Was ist denn los?“, fragte Herr Huber verwundert, und Frau Huber rief: „Ihr seid ja ganz blass! Was ist passiert?“
„Da ...da drin waren schwarze Monster, die haben sich auf uns gestürzt. Wenn wir nicht so schnell gelaufen wären, hätten sie uns erwischt“, stammelte Sophie.
„Schwarze Monster? So, so!“, antwortete die Mutter lächelnd. „Meint ihr vielleicht die Fledermäuse, die da hinten um den Baum flattern?“
Dominik drehte sich um und starrte den Baum an. „Ja, genau die!“, rief er.
„Aber Kinder“, erklärte Herr Huber, „ihr habt wohl zu viele Monsterfilme gesehen. Die armen kleinen Tiere haben mit Sicherheit mehr Angst vor euch als umgekehrt!“

Seite 29

1 a) *Einzelheiten, die dir möglicherweise auffallen:*
Größe: ca. 40 cm
Farben des Gefieders: rot, gelb, blau
Gefieder an Kopf und Brust: rot
Schnabel: groß, gebogen, helle Farbe
Augen: klein, von nackter Haut umgeben
Schwanzfedern: rot und blau
Beine: mit roten Federn bedeckt
Füße: ohne Federn, mit Krallen

Seite 30

2

a Tierart
- Papagei
- hellroter Ara

b Aussehen
- Größe: ca. 40 cm
- Farben des Gefieders: rot, gelb, blau
- Gefieder an Kopf und Brust: rot
- Schnabel: groß, gebogen, helle Farbe
- Augen: klein, von nackter Haut umgeben
- Schwanzfedern: rot und blau
- Beine: mit roten Federn bedeckt
- Füße: ohne Federn, mit Krallen

c Besonderheiten
- von der Oma geerbt: ca. 40 Jahre alt
- Kletterfuß (zwei Zehen vorn, zwei hinten)
- gestutzte Schwanzfedern (kann nicht fliegen)
- roter Ring am rechten Bein

d Verhalten
- badet gern
- braucht dringend frisches Wasser
- frisst Körner und Nüsse
- Luke kann seinen Namen sprechen

3 b) *Mögliche Reihenfolge:*

1	Papagei: hellroter Ara	a
2	Größe: ca. 40 cm	b
3	Farben des Gefieders: rot, gelb, blau	b
4	Gefieder an Kopf und Brust: rot	b
5	Schwanzfedern: rot und blau	b
6	Augen: klein, von nackter Haut umgeben	b
7	gestutzte Schwanzfedern	c
8	roter Ring am rechten Bein	c
9	badet gern	d
10	Luke kann seinen Namen sprechen	d

Seite 31

4 a) Hallo Leute!

Mein Papagei ist weggeflogen [1]. Dabei kann er gar nicht fliegen, weil seine Schwanzfedern gestutzt sind [3]. Er hat einen roten Ring am rechten Bein, daran kann man ihn erkennen [3]. Er badet oft, das mag er so gern [4]. Luke ist übrigens ein hellroter Ara [1]. Aber er ist nur ein bisschen rot, obenrum [2]. Außerdem trägt er gelbe und blaue Federn [2]. Auf seinen Namen hört er nicht, aber er kann ihn sprechen – ziemlich laut sogar [3].

b) Marlons Beschreibung hat <u>keine</u> sinnvolle Reihenfolge.

5 a) + b)

Möglichkeit A	Möglichkeit B
☐ Unser Ara entschwand hinterlistig am Samstag.	☒ Seit <u>Samstag, 21.4. 2007</u>, ist unser <u>hellroterAra</u> verschwunden.
☒ Er heißt <u>Luke</u>.	☐ Er trägt den stolzen Namen Luke, nach dem Star-Wars-Helden Luke Skywalker.
☒ Sein <u>Federkleid</u> zeigt sich <u>am Kopf hellrot</u>, am <u>Flügelansatz gelb</u> und <u>zum</u> <u>Schwanz hin blau</u>.	☐ Luke hat bunte Federn, er ist sehr schön.

Seite 32

6 *Mögliche andere Verben:*

Er trägt den Namen Luke. Sein Name lautet Luke. Er heißt Luke. Man nennt ihn Luke.

Aras besitzen bunte Federn. Die Federn der Aras sind bunt. Aras sind buntgefiedert.

Luke nimmt gern ein Bad. Luke badet gern. Luke liebt es, zu baden. Luke genießt es, zu baden. Luke gefällt es, zu baden.

Der Papagei Luke gehört Marlon.

Luke besitzt Kletterfüße. Luke hat Kletterfüße. Lukes Füße eignen sich gut zum Klettern.

Lukes Schwanz wurde gestutzt. Luke trägt einen gestutzten Schwanz.

7 *Möglicher Tiersteckbrief:*

Seit Samstag, 21.4. 2007, ist unser hellroter Ara verschwunden. Er heißt Luke und misst ungefähr 40 cm. Sein Gefieder zeigt sich am Kopf hellrot, am Flügelansatz gelb und zum Schwanz hin blau. Seine kleinen Augen sind von nackter Haut umgeben. Luke kann nicht fliegen, weil seine Schwanzfedern gestutzt wurden. An seinem rechten Bein befindet sich ein roter Ring. Luke badet gern und kann seinen Namen sprechen.

8 *Möglicher Tiersteckbrief:*

Das rote Eichhörnchen misst vom Kopf bis zur Schwanzspitze ungefähr 40 cm. Rotbraunes Fell bedeckt seinen Körper, am Bauch und rund um die Schnauze ist es weiß. Die Haarbüschel am Ende seiner spitzen Ohren sehen wie Pinsel aus. Es hat große schwarze Augen und eine kleine Nase. In seinen langen, schmalen Fingern mit den spitzen Krallen hält es eine Eichel. Seine kräftigen Hinterbeine eignen sich gut zum Springen. Der buschige Schwanz ist besonders auffällig.

Seite 34

4 b) A E I O U sind Selbstlaute (Vokale),
die anderen Buchstaben sind Mitlaute (Konsonanten).

5 b) Eine Buchstabenart kommt in jeder Silbe vor. Das sind die <u>Selbstlaute (Vokale)</u>.

6 a) Eine Silbe endet entweder mit einem <u>Vokal</u>, dann ist sie **offen**, oder
sie schließt mit einem <u>Konsonanten</u>, dann ist sie **geschlossen**.

b) <u>ua</u> ne na ni na no na nu tra ra tra re tra ro tra ru
a bra ka da bra <u>sim</u> sa <u>bim</u> sa <u>bam</u> sa <u>bom</u> sa

7 In offenen Silben spricht man den Vokal immer <u>lang</u>,
in geschlossenen Silben spricht man ihn meistens <u>kurz</u>.

8 *Silbenbögen:*

Sil ben bo gen
Ge schich ten vor le se buch
Zi tro nen fal ter far be
Le der ho sen be las tungs pro be
Gar ten blu men sa men

Seite 35

9 b) Wörter mit zwei Silben: das Essen, der Himmel, die Betten, der Mittag, der Ofen, die Gläser
Wort mit drei Silben: die Kartoffel
Wort mit vier Silben: die Marmelade

c) die Himmelbetten, das Mittagessen, die Ofenkartoffel, die Marmeladengläser

10 Le se ses sel kis sen
Men schen kin der ge schich ten
Schlüs sel blu men kel che
Fül ler kap pen scho ner
Lö wen kä fig tür schlös ser
Gam mel fleisch po li zei
Lau se ben gel strei che

In jeder Silbe steckt ein Silbenkönig.

Seite 36

11 a) Bananen + Schale = die Bananenschale
Elefanten + Rüssel = der Elefantenrüssel
Hasen + Beine = die Hasenbeine

b) die Ba na nen scha le
der Ele fan ten rüs sel
die Ha sen bei ne

12 a) Band + Wurm + Wörter = die Bandwurmwörter
Schlitten + Hunde + Leine = die Schlittenhundeleine
Schinken + Braten + Kruste = die Schinkenbratenkruste

b) die Band wurm wör ter
die Schlit ten hun de lei ne
die Schin ken bra ten krus te

13 a) *Mögliche neue Wörter:*
der Hundekuchen, das Mittagessen, die Füllerpatrone, die Blusenknöpfe, die Hosenbeine, die Sonnenhitze, das Bärenfutter, die Falkenflüge, die Sockenlöcher, der Schlaumeier, die Schweineborstenbürsten, das Schlangenwörterdiktat, die Lausbuben, das Brausepulver, die Strumpfbeine

b) der Hun de ku chen ■ das Mit tag es sen ■ die Fül ler pa tro ne
die Blu sen knöp fe ■ die Ho sen bei ne ■ die Son nen hit ze
das Bä ren fut ter ■ die Fal ken flü ge ■ die So cken lö cher
der Schlau mei er ■ die Schwei ne bors ten bürs ten
das Schlan gen wör ter dik tat ■ die Laus bu ben
das Brau se pul ver ■ die Strumpf bei ne

Checkliste:
Schwingen heißt, deutlich in Silben **sprechen** und sich dabei bewegen,
beim **Schreiben** in Silben mitsprechen,
beim **Kontrollieren** in Silben sprechen und dabei Silbenbögen zeichnen.

Seite 37

14 a) schwim men ■ Schrei ner ■ Schwei ne ■ Schnei der ■ schreck lich
schrei ben ■ schnup pern ■ schwin gen ■ Schla ger ■ schlaff
Schrot flin te ■ Schlei er ■ Schwer ge wicht ■ Schnitt wun de ■ Schwe den

Sprich wör ter ■ spen den ■ Spott dros sel ge sang ■ Stern bil der
sprin gen ■ Sta ren kas ten ■ stol pern ■ sto ßen ■ spin nen ■ steif

b) *Bei allen Wörtern aus dem rosafarbenen Kasten spricht man anders, als man schreibt.*
Den Laut **schp** schreibt man immer sp,
den Laut **scht** schreibt man immer st.

c) *Mögliche weitere Beispiele:*

Sp	**st**
Spagat, Spagetti, Spalt, Spanien, Spannung, Sparbuch, Spaß, Spatz, Speer, Spiegel, Spiel, Spinne, Spion, Sport, Sprache, Spritze, Sprosse, Sprung, spalten, sparen, spazieren, speichern, speisen, spenden, sperren, spießen, sprechen, sprießen, sprühen, spitz	Staat, Stadt, Stahl, Stall, Stamm, Stange, Stapel, Staub, Steckbrief, Stein, Stelle, Stempel, Steppe, Stich, Stimme, Stoff, Strafe, Streit, Stuhl, starten, staunen, stechen, stehen, steigen, sterben, stricken, stören, strahlen, stabil, stark, starr, steil, still, streng, stumm

15 Quark spei se
Quel le
Qua drat
Quas sel was ser

Quer kopf
Quatsch kopf
Queck sil ber
Qua li täts kon trol le

Den Laut **kw** schreibt man **immer** qu.

Mögliche weitere Wörter:
Quacksalber, quaken, Qual, quälen, Quälgeist, Qualifikation, Qualle, Qualm, qualmen, Quarantäne, Quartal, Quarzuhr, quetschen, quieken, quirlen, Quitte, Quizshow

Seite 38

15 ban ge
die Zan ge
lan ge
die Wan ge

hän gen
fan gen
win ken
lin ken

wan ken
zan ken
den ken
blin ken

17 die Tische
die Tasche
die Bäche
lachen

die Wäsche
die Lasche
die Küche
machen

18 a die Zun ge ■ die Lun ge ■ die An gel ■ der En gel ■ die Stan ge
wischen ■ schwin gen ■ die Bleche ■ kichern ■ die Fläche
die Fische ■ die Masche ■ kochen ■ der Locher ■ mischen
die Köche ■ wachen ■ waschen ■ zischen ■ der Ben gel
die En kel ■ der Hen kel ■ stin ken ■ zwin kern ■ len ken
schen ken ■ rascheln ■ die Ran ke

b)

ng	nk	ch	sch
die Zunge	die Enkel	die Bleche	wischen
die Lunge	der Henkel	kichern	die Fische
die Angel	stinken	die Fläche	die Masche
der Engel	zwinkern	kochen	mischen
die Stange	lenken	der Locher	waschen
schwingen	schenken	die Köche	zischen
der Bengel	die Ranke	wachen	rascheln

Seite 39

19 a) die Hü te — die Hüt te
die Ro se — die Ros se
be ten — die Bet ten

b) die H[ü t]e — die Hü[tt]e
die R[o s]e — die Ro[ss]e
b[e t]en — die Be[tt]en
Die erste Silbe ist offen. — Die erste Silbe ist geschlossen.

c) Wenn die erste Silbe offen ist, wird der Konsonant nicht verdoppelt.
Wenn die erste Silbe geschlossen ist, wird der Konsonant verdoppelt.

20 a)

b oder bb?	neben	der Nebel	die Rübe	wabbeln	der Knabe
d oder dd?	der Widder	wieder	das Leder		
f oder ff?	der Löffel	die Waffel	schlafen	die Kartoffel,	
k oder ck?	das Laken	der Bäcker	die Luke	die Lücke	
l oder ll?	die Gülle	lila	der Pulli	die Wolle	
m oder mm?	der Sommer	der Name	der Dumme	summen	
n oder nn?	nennen	kennen	wenig	die Wanne	
p oder pp?	die Puppe	hupen	die Lupe	der Teppich	die Suppe
z oder tz?	reizen	die Hitze	die Witze	die Pfütze	

b) ne ben ■ der Ne bel ■ die Rü be ■ wab beln ■ der Kna be
der Wid der ■ wie der ■ das Le der
der Löf fel ■ die Waf fel ■ schla fen ■ die Kar tof fel
das La ken ■ der Bäc ker ■ die Lu ke ■ die Lüc ke
die Gül le ■ li la ■ der Pul li ■ die Wol le
der Som mer ■ der Na me ■ der Dum me ■ sum men
nen nen ■ ken nen ■ we nig ■ die Wan ne
die Pup pe ■ hu pen ■ die Lu pe ■ der Tep pich ■ die Sup pe
rei zen ■ die Hit ze ■ die Wit ze ■ die Pfüt ze

d) Wenn die erste Silbe offen ist, treffen sich an der Silbengrenze ein Vokal und ein Konsonant.
Wenn die erste Silbe geschlossen ist, treffen sich an der Silbengrenze zwei Konsonanten.

Seite 40

22 a)

Kasten 1		Kasten 2	
hal len	ren nen	hal ten	der Win ter
die Wol le	die Hum mel	die Wes te	hop sen
der Som mer	das Was ser	die Pum pe	die Ren te

Gemeinsamkeit: Bei allen Wörtern ist die erste Silbe geschlossen.
Unterschied: Bei den Wörtern in Kasten 1 treffen sich an der Silbengrenze zwei gleiche Konsonanten, bei den Wörtern in Kasten 2 stehen dagegen zwei verschiedene Konsonanten.

c) Ist die erste Silbe geschlossen, stehen an der Silbengrenze zwei Konsonanten.
Das sind entweder zwei gleiche oder zwei verschiedene.
Das kann man beim Schwingen gut hören.

23 a) die Bän der ■ der Es sig ■ die Blöc ke ■ der Va ter
die Mut ter ■ der Bru der ■ der On kel ■ die Tan te ■ die El tern
die Schu le ■ die Schrul le ■ die Mur mel ■ der Mo nat ■ wis sen
die Küs te ■ der Schim mer ■ hei ter ■ das Wet ter ■ die Wel ten
win seln ■ die Pil ze ■ die Pil le ■ die Sei fe ■ die Pus te
das Tem po ■ die Mün ze ■ qual men ■ die Qual le ■ der Gar ten
der Gat te ■ die Schwes ter ■ der Pin sel

c)

Erste Silbe offen	Erste Silbe geschlossen, zwei verschiedene Konsonanten	Erste Silbe geschlossen, Doppelkonsonanten
der Vater, der Bruder, die Schule, der Monat, heiter, die Seife	die Bänder, der Onkel, die Tante, die Eltern, die Murmel, die Küste, die Welten, winseln, die Pilze, die Puste, das Tempo, die Münze, qualmen, der Garten, die Schwester, der Pinsel	der Essig, die Blöcke, die Mutter, die Schrulle, wissen, der Schimmer, das Wetter, die Pille, die Qualle, der Gatte

Seite 41

25 a) + c) Das Dra ch en a be ceh
A ku man der ,
Blo mo tram ,
Cla cu lac
und Da schi til
fra ßen oft
und fra ßen viel ,
E cho gröl
und Fa mo fax
lut schten gern
auch Bie nen wachs .
Gno lo ton , Hy drau lo lux
sind die zwei
mit Rie sen wuchs .
Imi pril
und Jo del scho del
Knas tor
und auch Lum mer latt
wer den mon tags
sel ten satt .
Muck schluck ,
Nasch und O xo ho
hat ten ei nen grü nen Po .
Plu mu lum
und Quül li wam
plansch ten
sonn tags gern
im Schlamm .
Rät schel tät schel
und Schu lu
schau ten da bei
lie ber zu .
Töck möck ,
Umpf
und Va lo trom ,
Wam mel wusch
und Xa ch o lon
ga ben von sich
man chen Ton ,
Y so prül
und Zam mel zot
stell ten sich auch
ger ne tot .

26 Schwingen hilft beim ☒ Lesen, ☒ Abschreiben, ☒ Fehler finden, ☒ Korrigieren.

Seite 42

1 a) meckern der Wecker die Decke der Bäcker die Dächer lächerlich

b) Die Vokale e und ä kann man leicht verwechseln.

2 lächerlich – verwandt mit lachen
der Bäcker – verwandt mit backen
die Dächer – verwandt mit Dach

3 a) die Leute die Beute die Meute läuten die Zäune die Mäuse

b) Man schreibt **äu**, wenn man ein verwandtes Wort mit au findet.
läuten – verwandt mit laut
Zäune – verwandt mit Zaun
Mäuse – verwandt mit Maus

4 a) gähnen, der Gärtner (der Garten), träumen (der Traum), die Gänse (die Gans), täuschen (der Tausch), die Träne, mächtig (die Macht), das Gebäude (der Bau), die Dämme (der Damm), die Kälte (kalt)

b) Es sind gähnen und Träne.

Seite 43

1 b) Bei *Hieb* und *Stab* kann man beim *b* unsicher sein,
bei *Berg* und *Tag* beim *g*,
bei *Rad* und *Wald* beim *d*.

2 a) **b** spricht man auch wie p. **g** spricht man auch wie k. **d** spricht man auch wie t.

b) Sie haben eine Silbe.

c) Es ist das Ende des Wortes.

d) der Hieb – die Hiebe
der Stab – die Stäbe
der Berg – die Berge
der Tag – die Tage
das Rad – die Räder
der Wald – die Wälder

3 a) + b)

der An schub – die An schü be, an schieben
das Ei gelb – die Ei gel be

der An trag – die An trä ge
der Er folg – die Er fol ge

der Abend – die Aben de
der Ver band – die Ver bän de

c) Die Problemstelle befindet sich am Ende des Wortes.
Auch hier muss man verlängern.

4 klug – klüger, rund – runder I die Runde, der Korb – die Körbe, das Kind – die Kinder, der Zug – die Züge, trüb – trüber, das Land – die Länder, der Mond – die Monde, der Sand – sandig, der Strand – die Strände, wild – wilder, der Anzug – die Anzüge, die Wand – die Wände, gesund – gesünder, kräftig – kräftiger, taub – tauber

Seite 44

5 c) Unsicher ist man am Ende des Wortes. Man hört nicht genau, wie viele Konsonanten hier stehen.
Sicherheit gibt das Verlängern.

d) der Ball – die Bäl le
krumm – krum mer
der Kamm – die Käm me, käm men
der Zoll – die Zöl le
dünn – dün ner
das Fass – die Fäs ser

der Schwamm – die Schwäm me
schnell – schnel ler
der Fall – die Fäl le

6 a) der Ge winn – ge win nen
der Ge nuss – die Ge nüs se
das Pro gramm – die Pro gram me

das Ge stell – die Ge stel le
der Schnee ball – die Schnee bäl le
der Ab druck – die Ab drüc ke (kk = ck)

das Ge brumm – brum men
der An pfiff – die An pfif fe
der Baum stamm – die Baum stäm me

c) Die Problemstelle ist am Ende des Wortes.
Man hört nicht genau, wie viele Konsonanten hier stehen.
Sicherheit gibt das Verlängern.

7 der Ele fant die Ana nas tor te plün dern wär men das Fell schwit zen
ge müt lich die Me lo ne die Le ber schwär men der Ku gel schrei ber
die Ge sän ge präch tig der Brand mäch tig der Zu fall die Amei se
die Kar tof fel der Bei fall schrill

8

Wörter, die man schwingt	Wörter, die man zusätzlich verlängert	Wörter, die man zusätzlich ableitet
der Elefant, die Ananastorte, plündern, schwitzen, gemütlich, die Melone, die Leber, der Kugelschreiber, die Ameise, die Kartoffel	das Fell, gemütlich, prächtig, der Brand, mächtig, der Zufall, der Beifall, schrill	wärmen, schwärmen, die Gesänge, prächtig, mächtig

Seite 45

1 a) + b) Gruppe 1
Ele fan ten tan ten
Se kun den kle ber
A ben teu er rei se

Gruppe 2
Wald brand
Strand bad ein tritt
Kleb reis res te

Gruppe 3
Brenn ball spiel
Brenn stoff
Schnell lauf

Wörter, die Problemstellen haben, befinden sich in Gruppe 2 und Gruppe 3.

c) *Mögliche Erklärung:*
Bei Gruppe 2 kann man nicht hören, welcher Konsonant am Ende des Wortes steht.
Bei Gruppe 3 kann man nicht hören, wie viele Konsonanten am Ende der Wörter stehen.

2 Beim Schreiben von Schlusslauten hilft dir hier das Verlängern.
Strandbadeintritt: der Strand – die Strände, das Bad – baden, der Eintritt – die Eintritte
Klebreisreste: Kleb – kleben

3 Au gen | blick – die Au gen blic ke ■ Wüs ten | renn maus – ren nen
Schub | kar re – schie ben ■ Mund | har mo ni ka – die Mün der
Schlamm | schlacht – schlam mig
Schuh | band | ma te ri al – die Schu he, die Bän der
Wand | ge mäl de – die Wän de ■ Hand | schuh | fach – die Hän de, die Schu he
Hefe | teig | ku chen – tei gig, die Tei ge
Wand | be hang – die Wän de, die Be hän ge, hän gen
Berg | rund | wan der | weg – die Ber ge, run der, die We ge
Brenn | ball – bren nen, die Bäl le ■ Ge dulds | pro be – sich ge dul den
Som mer | wind – die Win de ■ Klapp | rad | len ker – klap pen, die Rä der
Blind | darm – blin der, die Blin den

Seite 46

4 Einsilber (kurze Wörter) muss man verlängern, um den Laut am Ende der Silbe richtig zu schreiben.

5 der Händ ler – han deln
die Ver samm lung – sam meln

un freund lich – an freun den, die Freun de
ver wund bar – die Wun de, ver wun den
die Kund schaft – der Kun de

6 a) + b) lieb lich = die Lie be und lieb lich er
pfiff ig = die Pfif fe und pfif fi ger
dümm lich = der Dum me und dümm lich er
witz ig = die Wit ze und wit zi ger (zz = tz)

7 zer drückt – zer drüc ken, drüc ken (kk = ck)
ver beugt – ver beu gen, beu gen
be kommt – be kom men, kom men

Seite 47

8 Drei und drei ßig Rät sel

Wer von euch ist klug und flei ßig?
Drei und drei ßig Rät sel weiß ich.
Spitzt das Ohr und spitzt die Fe der,
Und nun schreib sich auf ein je der:

Wel che Uhr hat kei ne Rä der,
Wel cher Schuh ist nicht von Le der,

Wel cher Stock hat kei ne Zwin ge ,
Wel che Sche re kei ne Klin ge ?

Wel ches Fass hat kei nen Reif ,
Wel ches Pferd hat kei nen Schweif ,
Wel ches Häus chen hat kein Dach ,
Wel che Müh le kei nen Bach ?

Wel cher Hahn hat kei nen Kamm ,
Wel cher Fluss hat kei nen Damm ,
Wel cher Bock hat kei ne Haut ,
Wel ches Glöck chen kei nen Laut ?

Wel cher Kamm ist nicht von Bein ,
Wel che Wand ist nicht von Stein ,
Wel che Kuh hat gar kein Horn ,
Wel che Ro se kei nen Dorn ?

Wel cher Busch hat kei nen Zweig ,
Wel cher Kö nig hat kein Reich ,
Wel cher Mann hat kein Ge hör ,
Wel cher Schüt ze kein Ge wehr .

Wel cher Schlüs sel sperrt kein Schloss ,
Wel chen Kar ren zieht kein Ross ,
Wel ches Fut ter frisst kein Gaul ,
Wel che Kat ze hat kein Maul ?

Wel cher Bau er pflügt kein Feld ,
Wel cher Spie ler ver liert kein Geld ,
Wel cher Knecht hat kei nen Lohn ,
Wel cher Baum hat kei ne Kron '?

Wel cher Fuß hat kei ne Zeh ',
Wel cher Streich tut kei nem weh ,
Wel cher Wurf und Stoß und Schlag ?
Rat nun , wer da kann und mag !

9 e) *Mögliche zerlegte Wörter:*
Häus[chen], Glöck[chen]

f) *Wörter mit h nach langem Vokal:*
Ohr, Uhr, Schuh, Mühle, Hahn, Kuh, Gewehr, Lohn, Zeh, weh.
Schuh, Kuh, Zeh und weh sind durch Verlängern zu lösen.

P934850